AF602938

NOUVEAU PROJET D'ACHÈVEMENT

DU

CANAL DE PANAMA

PAR

A. DUMAS

INGÉNIEUR DES ARTS ET MANUFACTURES

ARCIS-SUR-AUBE

IMPRIMERIE LÉON FRÉMONT, ÉDITEUR

Place de la Halle

1896

PRÉFACE

En présentant aux personnes qui s'intéressent à cette captivante question notre nouveau travail sur l'achèvement du Canal de Panama, il nous paraît nécessaire de dire, en quelques mots, dans quelles conditions il a été élaboré.

A la suite d'un long séjour sur les chantiers du Canal interocéanique nous avons publié, en juillet 1891, un projet d'achèvement de cette grande œuvre qui a reçu l'accueil le plus favorable dans le monde scientifique. Malheureusement l'entreprise de Panama était alors entièrement délaissée et l'on sait que les diverses tentatives faites, en 1892 et 1893, pour la reconstituer ont complètement échoué et que ce n'est qu'en octobre 1894 qu'une nouvelle compagnie a pu enfin être formée pour reprendre les travaux et poursuivre leur achèvement.

M. de la Tournerie, inspecteur général des Ponts et Chaussées, appelé par la Nouvelle Compagnie à la présidence de son Comité technique, remarqua d'une façon toute spéciale notre projet d'achèvement du Canal et pensa, tout d'abord, que c'était là la solution qui devait être mise à exécution. Il nous fit même, à ce sujet, des propositions très flatteuses mais qui, par suite de circonstances qu'il n'y pas lieu de rappeler ici, ne purent être réalisées.

Dans la suite, cependant, M. de la Tournerie, tout en conservant un certain nombre des dispositions que nous avions proposées, a cru devoir abandonner l'idée capitale sur laquelle est basé le projet qui lui avait paru d'abord si séduisant et sur lequel il avait formulé une opinion nettement favorable. Les motifs de cet abandon sont exposés dans un rapport adressé par M. le Président du Comité technique au Conseil d'Administration de la Nouvelle Compagnie et publié ensuite dans la Revue Economique et Financière.

De notre côté, en continuant nos études sur la meilleure solution à adopter pour achever le Canal de Panama, nous avons été amené, nous-même, à modifier sensiblement notre première conception mais sans, cependant, en faire disparaître les dispositions critiquées par M. de la Tournerie. Il en résulte donc que les critiques faites par cet ingénieur à notre premier projet s'appliquent également à notre nouvelle solution et que cette dernière ne pourra être prise en considération qu'autant que nous aurons démontré que les critiques dont il s'agit sont dénuées de fondement.

C'est ce que nous espérons avoir fait dans le premier chapitre de cette étude et, avant d'exposer notre nouvelle solution, nous nous sommes attaché à réfuter des objections qui pourraient l'atteindre, si elles étaient réellement fondées. Malgré le profond respect que nous avons pour la haute compétence de M. de la Tournerie nous ne croyons pas devoir nous incliner devant sa seconde manière de voir et nous pensons qu'il a été mal inspiré en abandonnant sa première opinion.

Notre nouvelle étude n'est, d'ailleurs, que la suite naturelle de celles que nous avons déjà publiées(1) sur le Canal de Panama; elle est conçue dans le même esprit et nous espérons qu'elle sera accueillie autant de bienveillance.

Grâce aux nouvelles dispositions que nous préconisons aujourd'hui, et qui sont en grande partie basées sur les derniers progrès réalisés dans l'industrie, nous avons pu abaisser le devis total de l'achèvement du Canal à la somme de **440 millions**, *tout en réduisant le nombre des écluses, c'est-à-dire en augmentant les facilités offertes à la navigation. Ainsi présentée sous son vrai jour, il ne nous paraît pas douteux que l'entreprise du Canal de Panama n'apparaisse comme devant être largement rénumératrice et nous avons le ferme espoir que la Compagnie Nouvelle saura la mener à bonne fin.*

NOTA. — Cette notice était terminée lorsque nous avons appris que M. de la Tournerie venait de se démettre de ses fonctions de Président du Comité technique. Comme, en même temps, on annonce la prochaine réunion du Comité technique, qui avait été différée jusqu'ici, il nous a paru inutile de modifier soit le fond, soit la forme de notre travail.

Paris, le 10 février 1896.

(1) *Projet d'Achèvement du Canal de Panama. Chez Bernard et Cie, 53bis, quai des Grands-Augustins.*

Le Tarif à appliquer à Panama et les revenus probables du Canal. Chez Bernard et Cie.

L'Achèvement du Canal de Panama, extrait de l'« Ingénieur Civil ». Imp. Frémont, Arcis-sur-Aube.

Nouvelles Etudes sur le Canal de Panama, extrait de l'« Ingénieur Civil ». Imp. Frémont, Arcis-sur-Aube.

INTRODUCTION

Projet à 10 écluses.

Avant d'aborder la solution qui fait l'objet de cette notice, et pour permettre aux personnes qui ne connaissent pas nos brochures de suivre la discussion dans laquelle nous allons entrer, il nous paraît utile de rappeler sommairement en quoi consiste notre premier projet d'achèvement du Canal de Panama.

L'idée générale d'après laquelle ce projet est conçu est de réduire autant que possible, la profondeur de la tranchée à travers la Cordillère et de ne construire qu'un seul barrage sur le Chagres. Dans ces conditions, il n'est pas possible de pourvoir à l'alimentation du bief de partage en y amenant directement les eaux du Chagres, mais cette alimentation peut se faire économiquement en relevant les eaux de la rivière à l'aide de la force motrice gratuitement fournie par le barrage qu'il est, dans tous les cas, nécessaire d'établir à travers la vallée du Chagres.

Le bief de partage serait donc situé tout entier dans le massif central et limité du côté du Pacifique par le barrage du Rio Grande, à Paraiso, et du côté de l'Atlantique par le barrage de l'Obispo, à Bas-Obispo (voir planche I, fig. 1) Ce bief, dont le plan d'eau serait placé à une altitude variant entre les cotes 49 et 52, serait donc formé, comme celui prévu par la Commission d'Etudes instituée en 1889 (1), par la réunion de deux petits lacs et fermé de même, à chacune de ses extrémités, c'est-à-dire aux kil. 46 et 57, par une échelle de deux écluses de 11 mètres de chute et des barrages accolés de hauteur correspondante.

L'échelle d'écluses située du côté de l'Atlantique donnerait accès à un grand lac comprenant toute la vallée du Chagres jusqu'à Bohio, où serait établi le barrage fermant cette vallée. De ce lac, dont le niveau serait susceptible de varier entre les cotes 30 et 33, on descendrait, par une autre échelle de deux écluses de 11 mètres de chute, dans un bief intermédiaire à la cote 11 et de là, à l'aide d'une seule écluse, on passerait dans le bief maritime.

Du côté du Pacifique, la descente se ferait aussi au moyen de trois groupes d'écluses de 11 mètres de chute placés aux mêmes points que ceux prévus par la Commission d'études et accompagnés de barrages déterminant une succession de lacs étagés de même altitude que les écluses auxquelles ils se rapportent. Toutes les écluses sont d'ailleurs du type admis par la Commission d'Etudes, c'est-à-dire à double sas.

L'alimentation du bief de partage serait obtenue en élevant une partie des eaux du Chagres par des pompes établies au kilomètre 46 et recevant, par l'intermédiaire de l'électricité, la force motrice recueillie par des turbines placées au pied du grand barrage de Bohio.

Nous avons profité du groupement de quatre sas ensemble pour réduire de moitié la consommation d'eau dans le cas où il se présentera simultanément, à la même échelle d'écluses, un bateau montant et un bateau descendant, ce qui sera, d'ailleurs, le cas général. Pour cela, il suffit de faire remplir le sas d'aval de gauche par l'eau provenant du sas d'amont de droite, et inversement le sas d'aval de droite par l'eau du sas d'amont de gauche. Les figures 2 et 3, pl. I représentant l'échelle d'écluses de Bohio, indiquent comment cet effet est obtenu par la disposition des tuyaux et des vannes.

(1) On sait que cette Commission, nommée par le Liquidateur et présidée par M. Guillemain, inspecteur général des ponts et chaussées, était composée de 11 ingénieurs des plus distingués.

Supposons un bateau montant se présentant devant l'écluse n° 2 qui est vide, et un bateau descendant qui se présente devant l'écluse 3 *bis* qui est pleine. Ces bateaux étant entrés dans leurs écluses respectives et les portes étant fermées, on ouvre les vannes *u'* et *v'* et l'écluse 3 *bis* se vide dans l'écluse 2. On ferme alors les vannes, on ouvre les portes intermédiaires et le bateau montant passe dans l'écluse 3 qui est vide, en même temps que le bateau descendant passe dans l'écluse 2 *bis* qui est supposée pleine. Fermant alors les portes intermédiaires, on ouvre les vannes *o' p'* et *mn*, afin de vider l'écluse 2 *bis* dans le bief d'aval et de remplir l'écluse 3 avec l'eau du bief d'amont.

En ouvrant la porte d'aval de 2 *bis* et la porte d'amont de 3, on reçoit les navires dans les biefs adjacents et l'on peut recommencer la même opération en employant à la descente l'échelle d'écluses qui vient de servir à la montée et réciproquement.

On a donc monté et descendu un navire avec une seule sassée, celle du sas 3 *bis*, c'est-à-dire consommé une demi-sassée pour chaque bateau, tandis que dans le mode de remplissage ordinaire, on consomme une éclusée entière.

Or, on peut admettre que sur trois bateaux, deux seulement, marchant en sens contraire, pourront être éclusés simultanément, tandis que le troisième devra être éclusé seul, ce qui revient, en définitive, à dire qu'on aura, en moyenne, deux bateaux marchant dans un sens pour un marchant en sens contraire. Dans cette hypothèse, on aura alors, d'après ce qui précède, deux bateaux qui ne consommeront qu'une éclusée chacun pour traverser le Canal, tandis que le troisième consommera deux éclusées à lui tout seul, ce qui fait en tout quatre éclusées pour le passage de trois bateaux, soit, en moyenne, une consommation de 1 éclusée 1/3 par bateau.

D'après cela, la consommation d'eau du bief de partage provenant du seul fait des éclusées serait, pour un trafic de 7,250,000 tonnes, de 820,000 mètres cubes par journée de 24 heures, soit 9 mètres cubes et demi par seconde.

En ajoutant à ce chiffre les pertes par les portes d'écluse, ou pour toute autre cause, on obtient 13^{m3}5 pour la consommation d'eau totale du bief de partage, c'est-à-dire pour la quantité d'eau qui devra être élevée par les pompes.

Nous avons montré, dans des calculs très scrupuleux, que la quantité d'eau fournie par le Chagres était largement suffisante, grâce à la réserve que permet d'emmagasiner le grand lac créé par le barrage de Bohio, pour faire face à tous les besoins de l'alimentation du Canal.

En adoptant les prix unitaires prévus par la Commission d'Études, la dépense totale qu'occasionnerait l'exécution de ce projet ne s'élèverait qu'à 560 millions, tandis que le programme de ladite Commission entraînerait une dépense de 900 millions.

CHAPITRE I

Réfutation des critiques faites à notre premier projet.

Notre premier projet, celui précisément auquel s'était d'abord rallié M. de la Tournerie, comportait 5 écluses de 11 mètres de chute sur chacun des versants de la Cordillère. Nous avions surélevé autant que possible le bief de partage afin de réduire à son minimum la profondeur de la grande tranchée de la Culebra, qui avait été regardée jusqu'alors comme le plus grand obstacle à l'établissement du Canal de Panama. En agissant ainsi, nous nous étions inspiré des principes posés avec autorité par la savante Commission d'Etudes présidée par M. Guillemain, et notre projet présentait, sur celui dressé par cette commission, l'avantage de ne présenter qu'un seul barrage, dans la vallée du Chagres, en même temps qu'une tranchée centrale beaucoup moins profonde. Ces deux avantages étaient, il est vrai, atténués par une infériorité du système d'alimentation du bief de partage qui, au lieu de recevoir directement toutes les eaux du Chagres, comme celui du projet de la Commission, devait être alimenté par des machines élévatoires. Toutefois, ces machines devant être actionnées par la force motrice fournie gratuitement par le barrage de Bohio et transportée économiquement, par l'électricité, à son lieu d'emploi, cet inconvénient est faible et nullement en rapport avec les immenses bénéfices de temps et d'argent qu'il permet de réaliser. Ce système d'alimentation n'a d'ailleurs rencontré chez les esprits non prévenus que la plus grande sympathie et il a reçu l'accueil le plus favorable dans le monde technique, et même parmi les divers membres de la Commission précitée avec lesquels nous avons eu l'honneur de vous en entretenir. L'un d'entre eux a même bien voulu nous écrire une lettre tout à fait approbative et qui se terminait ainsi *« vous avez pu faire mieux que nous, je vous en félicite »*.

Enfin, M. le Président du Comité technique de la Compagnie Nouvelle du Canal de Panama avait lui-même, tout d'abord, trouvé notre idée très séduisante et très pratique et s'était proposé d'en poursuivre la réalisation. Depuis, M. de la Tournerie a cru devoir l'abandonner et les seules raisons qu'il donne de cet abandon sont contenues dans le rapport adressé par lui, à la date du 9 avril 1895, au Conseil d'Administration (1). A son nouvel avis, *« les appareils électriques ne fonctionnerait pas avec une régularité suffisante* et, de plus, il y aurait à

(1) Voir la *Revue économique et financière* des 30 juin et 6 juillet 1895.

craindre que la quantité d'eau fournie par le Chagres soit insuffisante, *sinon dans le présent, du moins dans l'avenir* ».

Si l'on songe à la quantité d'appareils électriques de toutes sortes employés dans des services qui exigent la plus grande régularité et qui comportent des appareils très délicats comme la télégraphie, l'éclairage, la traction des voitures, la commande des outils dans les usines, etc., on ne manquera pas d'être surpris que des appareils reposant sur le même principe, mais de construction beaucoup plus simple et plus robuste, soient réputés incompatibles avec les exigences de l'alimentation d'un canal à bief de partage. Les craintes de M. de la Tournerie à cet égard nous paraissent d'autant moins fondées que le bief de partage dont il s'agit est constitué par un lac de plus de 600 hectares de superficie, fournissant une réserve suffisante pour faire face aux besoins de la navigation la plus intensive pendant une quinzaine de jours, même dans le cas tout à fait inadmissible où, pour une cause quelconque, toutes les machines élévatoires viendraient à être hors de service pendant ce même laps de temps. On conçoit d'ailleurs que dans l'installation dont il s'agit, on n'aura ni une seule machine monstre, ni un seul groupe de machines dépendant toutes les unes des autres, mais des groupes indépendants et en nombre suffisant pour en avoir constamment 2 ou 3 en réserve, de sorte que, si l'un de ceux qui sont en marche vient à s'arrêter pour une cause quelconque, on n'aura qu'à mettre en service un de ceux de la réserve.

M. de la Tournerie exprime, en outre, la crainte que dans l'Isthme le rendement habituel des transmissions électriques soit notablement diminué à cause de la grande humidité du climat. En réalité, il n'y a pas à se préoccuper de cette circonstance, contre laquelle il serait d'ailleurs facile de prendre des précautions, car, pendant la saison pluvieuse, on aura beaucoup plus d'eau que ne l'exigeront les besoins du Canal, même avec le trafic le plus intensif. Au contraire, pendant la sèche, alors qu'il pourra y avoir intérêt à ménager l'eau et à demander, par suite, à la transmission électrique un rendement élevé, l'objection ci-dessus disparaît d'elle-même car, à ce moment, le climat de l'Isthme est, au contraire, extrêmement sec.

Nous avons d'ailleurs consulté, au sujet de l'installation mécanique en question, les mécaniciens et les électriciens les plus connus et les plus distingués et ils ont été unanimes à nous en garantir le bon fonctionnement.

En ce qui concerne la crainte exprimée par M. de la Tournerie que la quantite d'eau fournie par le Chagres ne soit pas suffisante pour pourvoir à la consommation des machines élévatoires, il nous parait qu'elle n'est pas plus fondée que celle relative à la bonne marche de la transmission électrique. Dans des calculs très scrupuleux, nous avons montré qu'un trafic de 7,250,000 tonnes n'occasionnerait sans doute pas, dans le bief de partage, une consommation d'eau supérieure à 13 mètres cubes et demi par seconde et que le débit du Chagres était largement suffisant pour fournir le volume d'eau nécessaire à la mise en marche des turbines et au fonctionnement des écluses. En nous basant sur des expériences personnelles, faites pendant une saison exceptionnellement sèche (1891), nous avons évalué le débit moyen du Chagres, pendant la période de sécheresse, à 28 mètres cubes et demi, tandis que M. de la Tournerie ne l'estime qu'à 20 mètres cubes. Nous ignorons sur quelles données M. le Président du Comité technique s'est fait une pareille opinion, mais ce ne peut être sur les expériences faites par la nouvelle Compagnie, puisque cette opinion a été formulée avant même que cette Compagnie ait pu observer le régime de la rivière pendant toute une saison sèche.

Nous nous bornerons donc à rappeler, à ce sujet, l'avis de la Commission d'Etudes (fascicule 2, page 31) : « Pendant la période de 6 années à laquelle se rapportent les observations faites sur le debit du Chagres, ce débit ne parait pas être descendu, dans la saison sèche, au-dessous d'un volume moyen de 27 mètres cubes ». Si l'on remarque que les observations ci-dessus, faites au fluviographe de Gamboa, ne comprenaient pas les débits d'affluents importants, tels que l'Obispo, le Caño-Quebrada et le Jigante, sur la rive gauche, et le Frijolès, l'Agua-Salud et l'Aojetta, sur la rive droite, on conviendra que notre évaluation, qui se rapporte au passage du Chagres à Bohio, est encore plus modérée que celle de la Commission.

D'ailleurs, depuis 1890, des expériences très sérieuses ont été faites sur le débit du Chagres par le personnel de la Liquidation et, quoique nous n'en ayons pas eu officiellement connaissance, tout nous porte à croire qu'elles confirment nos propres évaluations.

Nous croyons inutile d'insister ici sur ce point, car nous aurons occasion d'y revenir à propos de la nouvelle solution que nous préconisons aujourd'hui et dans laquelle les reproches adressés à notre système d'alimentation par M. de la Tournerie auraient, s'ils étaient fondés, une importance beaucoup plus grande que dans le projet dont nous parlons en ce moment. D'ailleurs, M. de la Tournerie ne parait pas avoir voulu donner à ses critiques un caractère absolu et il a jugé nécessaire d'en atténuer la portée en ajoutant que le système d'alimentation, proposé par nous, « *ne pourrait pas répondre aux besoins de la navigation, sinon dans le présent, du moins dans l'avenir* »

Sans discourir sur des prévisions dont personne ne peut affirmer la réalisation, on peut donc admettre, sans contredire M. le Président du Comité technique, que, au cas même où notre système serait insuffisant pour desservir un trafic de 7.250.000 tonnes, il reste néanmoins capable d'assurer un trafic de 4 ou 5 millions de tonnes, chiffre qui, d'après la Commission d'Etudes ne séra sans doute atteint que 7 ou 8 ans après l'ouverture du Canal à l'exploitation. Or, pendant toute cette période, on aura le temps de vérifier expérimentalement la consommation d'eau du Canal et de se rendre compte si vraiment les ressources alimentaires dont on dispose peuvent devenir insuffisantes lorsque le trafic atteindra une certaine limite, 6 ou 7 millions de tonnes par exemple. Non seulement, on pourra, alors, augmenter ces ressources, si cela est jugé nécessaire, autant qu'on le voudra, mais cette augmentation pourra se faire de trois manières, ainsi que nous avons eu l'honneur de le faire remarquer dans un long mémoire adressé à M. de la Tournerie, le 2 mai 1895 (1). On pourra, en effet :

Ou bien construire dans le haut Chagres un barrage, sur cette rivière, destiné à accroître la réserve de la saison sèche en même temps qu'à fournir un supplément de force motrice;

Ou bien établir, depuis le barrage ainsi construit dans le Haut-Chagres, une dérivation amenant directement l'eau dans le bief de partage ;

Ou bien, enfin, supprimer les écluses supérieures de façon à diminuer la hauteur d'élévation de l'eau et en même temps la quantité d'eau consommée par le bief de partage. L'adoption de cette solution serait, d'ailleurs, un acheminement vers la suppression du bief compris dans le massif central, c'est-à-dire vers la solution à lac unique, préconisée par MM. Wyse, Sautereau, Rives, etc.

Dans le mémoire précité, nous avons démontré que ces travaux de parachèvement de l'œuvre coûteraient beaucoup moins cher s'ils n'étaient exécutés qu'après l'ouverture du Canal, pendant la période d'exploitation, que s'ils étaient faits pendant la période de construction. De plus, on pourrait alors ne les entreprendre que si leur *nécessité* était bien réellement démontrée, tandis que nous avons la conviction qu'il est impossible de prouver, *dès à présent*, leur *utilité*.

(1) Dans la note spéciale, qui se trouve à la fin de cette étude, nous avons indiqué un quatrième procédé pour accroître les ressources de l'alimentation. C'est même à ce dernier procédé que nous pensons qu'il y aura lieu de donner la préférence.

Il est inutile de reproduire ici les raisons pour lesquelles les travaux éventuels que nous venons de prévoir coûteraient moins cher s'ils n'étaient entrepris que pendant la période d'exploitation au lieu d'être exécutés pendant la période de construction. Pour s'en rendre compte, il suffira, d'ailleurs, de remarquer qu'une fois le canal ouvert au trafic, on trouvera bien plus facilement et à un taux beaucoup moindre, l'argent nécessaire aux travaux de parachèvement. En outre, on disposera, pour exécuter ces travaux, des ouvriers que l'achèvement du Canal aura rendu disponibles, tandis que, si tous les travaux devaient être exécutés en même temps, on pourrait craindre une sérieuse augmentation de la main-d'œuvre par suite du nombre de travailleurs assez limité qu'il paraît possible de recruter dans de bonnes conditions. En particulier, l'exécution du barrage du Haut-Chagres serait rendue plus facile et moins coûteuse par l'exécution de notre projet, car le lac créé par la retenu du Bohio fournirait une voie d'accès pour arriver à l'emplacement de ce second barrage.

Par ce qui précède, nous croyons avoir réfuté, au moins d'une façon aussi complète qu'il est possible de le faire ici, les objections de principe que M. de la Tournerie a cru devoir faire à notre projet. Nous croyons devoir montrer également que les reproches qu'il nous adresse au sujet de nos prix de revient ne sont pas mieux fondés. Voici comment s'exprime dans son rapport précité, M. le Président du Comité technique, au sujet de l'estimation faite du coût de l'achèvement du Canal par les divers auteurs de projets :

« Dans tous ces projets, la masse des travaux est à peu « près la même ; mais les évaluations sont très loin d'être « concordantes.

« Les dépenses, en effet, sont fixées :

Par M. Bunau-Varilla à. . . .	720.000.000 fr.
— M. Wyse, à.	600.000.000 fr.
— M. Dumas, à	560.000.000 fr.
— la Commission d'études, à	900.000.000 fr.

« J'ignore jusqu'à quel point les appréciations de MM. Wyse « et Bunau-Varilla peuvent être prises en considération, tou- « tefois leurs prix d'application ne me semblent pas suffisam- « ment justifiés.

« M. Dumas déclare qu'il a dressé ses évaluations en « appliquant, aux quantités résultant de ses métrés, les bases « admises par la Commission d'études, mais il fixe la durée de « l'exécution à quatre ans, ce qui est matériellement impos- « sible, tandis que la Commission a compté sur huit années.

« Si l'on rétablissait la concordance sur ce point, la dépense
« serait portée à 641.000.000 francs : cette somme diffère telle-
« ment de l'estimation de la Commission (900.000.000 fr.),
« sans qu'on puisse trouver l'explication d'un pareil écart dans
« les masses respectives des travaux, qu'on peut se demander
« si les métrés auxquels s'appliquent les mêmes prix ne com-
« portent pas des erreurs.

« Or, nous n'avons aucun moyen de savoir si les quan-
« tités indiquées pour les ouvrages, dans les quatre projets
« sont exactes ou non.

« On se trouve donc là en présence d'une grande incerti-
« tude. »

Les personnes qui ont lu nos brochures et qui ont ainsi pu se rendre compte du soin scrupuleux avec lequel ont été établis nos prix de revient, seront certainement surprises de la façon dont notre travail a été apprécié par M. de la Tournerie. Nous avons, en effet, eu soin de bien faire remarquer que la faiblesse de notre estimation totale n'était due qu'à la diminution de la masse des travaux à exécuter que permettait notre projet, et nullement, comme cela a lieu dans certains projets, à un abaissement des prix unitaires. L'avantage capital des dispositions que nous avons préconisées consiste, précisément, dans la réduction à leur minimum des travaux à exécuter pour livrer le Canal à l'exploitation, et c'est là la meilleure justification de notre solution. Néanmoins, M. de la Tournerie semble dire que la grande économie de notre projet n'est peut-être qu'apparente et résulte peut-être d'une erreur dans nos métrés ; il ajoute n'avoir pas eu les moyens de s'assurer de l'exactitude des dits métrés. Nous aimons à croire que la citation ci-dessus traduit mal la pensée de M. de la Tournerie, car il se rappelle certainement qu'à diverses reprises, verbalement et par écrit, nous lui avons offert la communication de nos métrés et autres documents justificatifs. Ces documents sont d'ailleurs restés entre les mains de la Nouvelle Compagnie, du 21 janvier au 7 mars 1895, et nous nous empresserons de les soumettre à l'appréciation du Comité technique.

M. de la Tournerie déclare, en outre, que le délai de 4 années que nous avions prévu pour livrer le Canal à l'exploitation est insuffisant ; or, quelques lignes plus haut, en parlant d'un programme qui comporte exactement les mêmes travaux que le nôtre et, en plus, un barrage dans le Haut-Chagres et une dérivation d'environ 25 kilomètres de longueur, il s'exprime ainsi :

« J'estime qu'en procédant ainsi *on pourra, au bout de 4 années, conduire les remorqueurs et les chalands de Colon à la Boca et réci-*

proquement, et que deux ans après, trois ans au plus, le Canal sera terminé. »

M. de la Tournerie reconnait donc qu'en 4 ans, et sans pousser avec grande activité les travaux de la Culebra, on pourrait faire passer des bateaux de faible tirant d'eau de Colon à Panama. Pourquoi, dès lors, refuser d'admettre qu'en pressant un peu plus les terrassements de la grande tranchée on pourra dans le même laps de temps faire transiter des navires de 6 ou 7 mètres de tirant d'eau au lieu de remorqueurs ne calant que 3 ou 4 mètres. Dans les deux cas tous les principaux ouvrages du Canal, écluses, barrages, etc., sont identiques, et les seuls travaux supplémentaires nécessaires dans le premier cas consistent dans une augmentation de 2 ou 3 mètres de la profondeur de la tranchée centrale qui, dans notre projet, n'a du reste que 11 kilom. de longueur.

Nous n'avons, d'ailleurs, jamais voulu dire que dans 4 ans le Canal serait entièrement terminé, mais simplement, qu'il pourrait être livré à l'exploitation, ce qui est l'essentiel. Depuis plus de 25 ans qu'il est ouvert au trafic, le canal de Suez n'est même pas achevé, puisque aujourd'hui encore on travaille à son approfondissement et à son élargissement, et nous ne voyons pas pourquoi on refuserait d'utiliser le canal de Panama dès qu'il pourra livrer passage à des bateaux d'un certain tonnage. Si nous avons fixé un délai de 4 ans pour l'ouverture du Canal à l'exploitation, c'est parce que dans notre projet cette ouverture n'est plus surbordonnée, comme dans d'autres projets, au temps indispensable pour le creusement de la grande tranchée, mais plutôt à l'exécution des ouvrages d'art. Or, avec les dispositions que nous avons proposées, le percement de la Culebra est possible, d'après les évaluations même de la Commission d'Etudes, dans un délai de moins de 4 ans, et, d'après les mêmes évaluations, l'exécution des ouvrages d'art ne demanderait pas un délai plus considérable.

CHAPITRE II

Considérations qui nous ont amené à rechercher une nouvelle solution.

Nous avons dit qu'à l'origine de ses études sur le Canal de Panama, M. de la Tournerie s'était entièrement rallié à notre projet à 10 écluses, avec alimentation artificielle du bief de partage et création d'une retenue de 33 mètres de hauteur à Bohio. C'est ainsi que le « *Programme des études à entreprendre pour dresser le projet d'achèvement du Canal de Panama* », élaboré par cet Ingénieur, prescrit précisément toutes les opérations nécessaires pour établir le projet définitif sur les bases que nous avions indiquées. Peu de temps après que notre collaboration eût été écartée, M. de la Tournerie apportait à notre projet, en même temps que diverses modifications de peu d'importance, une disposition nouvelle consistant dans la substitution, au mode d'alimentation proposé par nous, d'une alimentation par dérivation d'eau du Haut-Chagres. Dans un entretien que nous eûmes avec lui, dans le courant du mois d'avril, M. de la Tournerie voulut bien nous faire part de son nouveau programme, et c'est à la suite de cette communication que nous lui adressâmes notre mémoire du 2 mai 1895, auquel nous avons déjà fait allusion et dont nous ferons remettre une copie à chacun de MM. les membres du Comité technique.

A ce moment, ainsi qu'il résulte d'ailleurs du rapport fait par lui au Conseil d'Administration, en date du 9 avril 1895, M. de la Tournerie conservait encore la retenue de 33 mètres prévue par nous à Bohio, et paraissait ne concevoir aucune appréhension au sujet du barrage destiné à créer cette retenue. Dans son rapport précité on remarquera en effet que, non seulement il exprime « *la conviction que l'on ne se trouvera là en présence d'aucune difficulté sérieuse* », mais, au lieu de chercher à *réduire* l'importance du barrage qu'il est dans tous les cas indispensable de créer à Bohio, il adopte sans aucune appréhension la construction d'un autre barrage aussi important dans le Haut-Chagres, dans un endroit privé de tout moyen d'accès et situé à environ 25 kilomètres de l'axe du Canal.

Nous n'avons jamais partagé un pareil optimisme et l'on comprendra notre réserve si l'on se souvient de la catastrophe qui a récemment eu lieu dans les Vosges, à la suite de la rupture d'un barrage qui avait cependant été édifié par les soins et sous l'œil vigilant des ingénieurs de l'État et qui paraissait remplir toutes les conditions de solidité désirables. Si l'on remarque, en outre, que le barrage de Bouzey était établi sur un petit ruisseau (l'Avière) sans aucune importance et ne créait qu'une retenue d'une vingtaine de mètres de hauteur, on aura le sentiment des difficultés que présentera l'exécution sur le Chagres, c'est-à-dire sur une rivière sujette à des crues subites dont le débit dépasse 2.000 mètres cubes à la seconde, de barrages créant des retenues d'une trentaine de mètres de hauteur.

Malgré ce que paraissait en penser M. de la Tournerie, nous estimions, dès ce moment, que, en tout état de cause, l'exécution de barrages de cette importance constitue un travail très délicat et qui devient très difficile, lorsque, comme c'est ici le cas, le terrain solide sur lequel ces ouvrages doivent être fondés se trouve à une grande profondeur. Cette préoccupation ne date d'ailleurs pas d'aujourd'hui, mais remonte, au contraire, aux premières études que nous avons faites en vue de la meilleure solution à adopter pour l'achèvement du Canal de Panama. On en retrouvera la trace dans toutes nos publications et plus particulièrement dans nos *Nouvelles Études* (1). Dans cette dernière brochure nous nous sommes longuement étendu (pages 53 à 57) sur les difficultés que présentera l'édification du barrage de Bohio et leur discussion nous a même conduit à l'étude d'une variante ne comportant, en ce point, qu'une retenue de 22 mètres, au lieu de celle de 33 mètres prévue dans notre projet primitif.

Au lendemain de la catastrophe de Bouzey nos appréhensions au sujet du barrage à établir à Bohio prirent plus de consistance et, dans notre mémoire précité, nous exprimions à M. de la Tournerie l'avis qu'il serait sans doute prudent de renoncer à la retenue de 33 mètres et de se contenter d'un relèvement du plan d'eau de 22 mètres (2).

Nous ne reviendrons pas sur les côtés techniques de cette discussion et nous nous bornons à dire que l'étude approfondie que nous avons récemment faite sur les *barrages-réservoirs*, et qui, après avoir été favorablement accueillie dans les colonnes du *Génie Civil* (3), vient d'être éditée en brochure (4), n'a fait que nous confirmer dans notre opinion qu'un barrage de 33

(1) Dans notre « Projet d'achèvement du Canal de Panama » nous avions, il est vrai, prévu un barrage en maçonnerie créant une retenue de 33 mètres et fondé dans des conditions particulièrement délicates, mais à ce moment nous n'attachions qu'une importance secondaire à cette question, notre objectif étant surtout d'exposer les principales caractéristiques de notre solution.

(2) Nous avons cru utile de faire cette remarque pour bien montrer que, si nous avons abandonné l'idée d'un barrage de 33 mètres, ce n'est pas parce que la Compagnie Nouvelle paraît maintenant se résoudre à cet abandon, mais qu'au contraire c'est nous qui en avons eu le premier l'initiative.

(3) Voir *Le Génie Civil*, du 1er juin au 31 août 1895.

(4) Baudry et Cie, éditeurs, 15, rue des Saints-Pères, Paris.

mètres de hauteur à Bohio, même avec un sol de fondation favorable, serait un ouvrage tellement exceptionnel qu'il serait peut-être téméraire d'en entreprendre l'exécution. D'autre part, les études faites par la Nouvelle Compagnie ne paraissent pas avoir établi que le sol de fondation appelé à supporter ce barrage soit plus propice que nous ne l'avons indiqué. Dans ces conditions nous n'hésitons pas à reconnaître qu'il serait au moins imprudent de vouloir édifier, au point précité, un barrage en maçonnerie, et, eu égard aux difficultés d'exécution qu'elle présenterait, il nous paraît extrêmement délicat de songer à établir une digue en terre de la hauteur voulue, capable de donner une sécurité suffisante.

Il nous paraît donc indispensable, puisque le sol de fondation n'est pas propice à l'établissement d'un barrage en maçonnerie, non seulement d'adopter une digue en terre de hauteur réduite à celle admissible pour les ouvrages de ce genre, mais aussi de trouver un moyen permettant de l'édifier, à l'abri des crues de la rivière, avec tout le soin que demande la confection d'un remblai imperméable.

Ce moyen ne peut être, pensons-nous, que celui que nous avons décrit dans nos *Nouvelles Études*, pages 57 à 61, et nous estimons qu'il est sage de renoncer à notre projet primitif, à 10 écluses, pour s'en tenir à la variante avec 8 écluses que nous avions proposée comme solution subsidiaire. Dans cette solution les craintes exprimées par M. de la Tournerie au sujet des ressources de l'alimentation sont, il est vrai, beaucoup plus sérieuses que lorsqu'il s'agit de notre projet primitif, mais nous verrons qu'elles ne sont cependant nullement de nature à faire rejeter les avantages que présente ladite solution.

Des considérations d'un autre ordre nous ont, d'ailleurs, également amené à penser que la situation dans laquelle se trouve actuellement l'entreprise de Panama, se prête difficilement à l'exécution du programme que nous avions élaboré en 1891. Dans notre projet primitif, la plus grande partie des travaux à exécuter consiste, en effet, dans les travaux d'art relatifs aux barrages et aux écluses ; les terrassements, même ceux de la grande tranchée, n'ont qu'une faible importance et l'exécution rationnelle de ce projet demanderait que tous les travaux fussent exécutés en même temps. En admettant, comme l'avait fait la Commission d'Etudes de 1890, que les ouvrages d'art pussent être exécutés dans un délai de 4 ans, le Canal pourrait être livré à l'exploitation à l'expiration de ce délai, puisque l'exécution de la grande tranchée ne serait plus, comme dans d'autres projets, une cause retardatrice.

Ce résultat est assurément très séduisant, mais il ne pourrait, naturellement, être obtenu que si l'on était assuré, dès l'origine, de pouvoir se procurer tout le capital nécessaire à l'exécution du programme. Avec l'aléa que comporte l'établissement d'un barrage de 33 mètres à Bohio, il serait évidemment imprudent d'entreprendre un projet de ce genre, sans avoir la certitude que l'argent ne fera pas défaut et que les souscripteurs ne se laisseront pas effrayer par les divers incidents que l'exécution d'un ouvrage de ce genre ne peut manquer de comporter. Or, dans l'état actuel des esprits et à la suite des péripéties par lesquelles a déjà passé l'entreprise, qui peut espérer qu'il en serait ainsi ?

Un examen attentif de la situation nous a, d'ailleurs, persuadé qu'une souscription faite en ce moment pour la constitution d'un capital-actions considérable, n'aurait aucune chance de succès. Après tous les déboires éprouvés par les premiers souscripteurs, nous croyons qu'il ne sera possible d'en trouver de nouveaux que quand les principales difficultés du problème auront été résolues. Dans ces conditions il nous a paru indispensable, non seulement de diminuer ces difficultés de façon à ce qu'elles puissent être abordées sans aucune appréhension, mais aussi d'adopter un programme dont le premier objet soit précisément la résolution de ces difficultés.

Le plébiscite provoqué l'année dernière par M. Lemarquis, au moment de la constitution de la Nouvelle Société, a nettement montré que le sentiment de tous les porteurs de titres de l'ancienne Compagnie est qu'il soit fait une tentative sérieuse en faveur de l'achèvement du Canal, dût cet essai n'aboutir qu'à la consommation de leur ruine. En d'autres termes, il paraît certain que les anciens porteurs de titres ne considèrent plus leurs valeurs que comme des billets de loterie, capables de leur rapporter de beaux bénéfices si le Canal est mené à bonne fin, mais pouvant, par contre, perdre toute valeur si l'on se trouve obligé de renoncer à cet achèvement.

C'est en nous basant sur cet état d'esprit que nous avons élaboré le programme qu'on va lire et qui nous paraît dicté autant par la situation financière toute spéciale dans laquelle se trouve l'entreprise que par les considérations techniques qui précèdent. Il consiste, en un mot, à employer la valeur représentative des billets de loterie dont nous venons de parler, c'est-à-dire ce qui a échappé au naufrage de l'ancienne Compagnie, à l'exécution de tous les travaux du Canal qui peuvent comporter un aléa sérieux ou qui sont encore l'objet de controverses.

Déjà, à divers reprises, on a parlé de dépenser un capital assez important pour faire des expériences destinées à vérifier si le Canal peut réellement être mené à bonne fin sans de trop

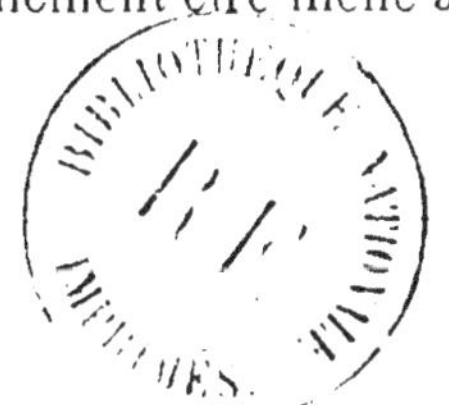

grandes dépenses. Malheureusement ces expériences, dont le but était surtout d'établir une base sérieuse pour l'appréciation des prix de revient, n'auraient pas fait avancer d'un pas la question et n'auraient sans doute été qu'un leurre. Peut-être auraient-elles donné quelques présomptions, mais, telles qu'elles ont été présentées, jusqu'ici du moins, elles n'auraient pu donner aucune certitude et faire disparaître aucun aléa.

Dans la solution que nous allons exposer il ne s'agit, d'ailleurs, pas de simples expériences, mais de l'exécution immédiate du Canal, en commençant par les points réputés les plus difficiles et les plus soumis aux mauvaises chances. En définitive, il s'agit de consacrer immédiatement l'argent auquel on est décidé à laisser courir un certain risque, à l'exécution des travaux qui sont de nature à effrayer de nouveaux souscripteurs et de conduire l'entreprise à un degré d'avancement tel que les travaux qui seront encore nécessaires pour la terminer ne soient précisément que ceux dont l'exécution ne soulève aucune appréhension et n'est l'objet d'aucune controverse. Une fois l'entreprise amenée à ce point, c'est-à-dire lorsque l'achèvement du Canal ne comportera plus aucun aléa mais dépendra simplement de l'exécution d'un travail facile et pouvant être très exactement évalué, on pourra sans crainte faire appel au public pour se procurer l'argent nécessaire à la terminaison de l'œuvre et nul doute que cet appel soit alors entendu.

On ne manquera pas de remarquer que ce programme est précisément tout le contraire de celui qui a été suivi par l'ancienne Compagnie qui, comme on sait, s'était attachée à exécuter d'abord les travaux faciles, tels que le creusement des biefs maritimes, avant même d'avoir élucidé les points délicats et trouvé une solution pour l'exécution de la Culebra et l'aménagement des eaux du Chagres.

Nous reviendrons à la fin de cette étude sur les avantages que présente la solution que nous allons exposer, mais auparavant hâtons-nous de dire que les risques courus par le capital employé dans la première phase de l'entreprise seront aussi réduits que possible et bien plus faibles que dans aucune des solutions proposées jusqu'à ce jour. Loin d'engager ce capital dans l'exécution de travaux décisifs, en cas de succès, pour la suite de l'œuvre, mais en revanche d'une réussite incertaine, nous verrons que les travaux proposés sont, au contraire, plus simples et bien moins aléatoires que les travaux similaires prévus par d'autres auteurs de projets.

CHAPITRE III

Exposé de notre nouveau projet.

La solution à laquelle nous nous arrêtons aujourd'hui pour l'achèvement du Canal n'est pas à proprement parler un nouveau projet, car c'est précisément celle que nous avions exposée il y a près de 3 ans dans l'*Ingénieur Civil*, et que l'on trouvera reproduite dans nos *Nouvelles Etudes* (pages 53 à 83). Nous croyons devoir la reprendre aujourd'hui, en la complétant et en l'améliorant, parce qu'elle nous paraît satisfaire, autant que possible, aux divers désiderata, tant d'ordre technique que d'ordre financier, créés par la situation actuelle de l'entreprise.

Rappelons, tout d'abord, qu'elle ne diffère de notre conception première que par la suppression d'une écluse sur chaque versant, c'est-à-dire des deux écluses simples prévues à Peña-Blanca et à Miraflorès. Les petits biefs correspondants sont dès lors supprimés et le niveau des autres se trouve, par suite, uniformément abaissé de 11 mètres (voir planche II). L'attitude maximum du grand lac de l'Atlantique n'est plus qu'à 22 mètres, au lieu de 33, au-dessus du niveau de la mer, et celle du biefde partage à la cote 41, au lieu de la cote 52. A part cela, l'économie générale de notre projet reste la même : on a toujours un bief de partage situé tout entier dans le massif central, limité à ses deux extrémités par des barrages peu importants et faciles à construire, et auquel on accède, de chaque côté, par une échelle de 2 écluses de 11 mètres de chute. L'alimentation de ce bief se fait à l'aide de pompes établies à proximité, puisant l'eau dans le lac créé par le barrage du Chagres, à Bohio, et recevant leur force motrice, par l'intermédiaire de l'électricité, de turbines placées au pied de ce barrage.

L'abaissement des biefs diminue non seulement l'importance du grand barrage de Bohio, mais aussi celle de tous les autres ouvrages similaires et notamment celle du barrage qu'il est nécessaire d'établir dans la vallée inférieure de l'Obispo pour fermer le bief de partage du côté de l'Atlantique. De plus, les zones d'inondation étant beaucoup réduites, la déviation du P. R. R. (1) sera rejetée beaucoup moins loin de son tracé actuel et son exécution rendue, par cela même, beaucoup plus facile : d'abord parce que les travaux que comporte la nouvelle déviation seront moins importants et aussi parce qu'ils s'exécuteront dans une région moins éloignée de l'axe du Canal.

En revanche la hauteur de la tranchée centrale sera augmentée de 11 mètres et présentera, par suite, plus de difficultés.

(1) Panama Rail Road ou chemin de fer de Colon à Panama.

Nous croyons cependant que, grâce au programme proposé, cette tranchée pourra s'exécuter assez rapidement et à un bon marché relatif.

La planche II extraite de nos *Nouvelles Etudes*, montre le profil en long de notre nouvelle solution en même temps que la variante correspondante du projet Wyse que nous avions étudiée il y a près de trois ans. Dans nos publications antérieures nous avons fait remarquer, en effet, que notre première solution pouvait se déduire très simplement de celle proposée par MM. Wyse-Jacquemin et Sosa, et qu'elle consistait, en définitive, à superposer au lac prévu par ces ingénieurs, un deuxième lac formant bief de partage. Nous avons même démontré que notre solution pouvait n'être envisagée que comme provisoire et que c'est par son intermédiaire que l'on pourrait arriver, de la façon la plus sûre et la plus économique, à une solution définitive constituée par un lac unique alimenté directement par le Chagres. Il suffirait, pour cela, d'approfondir, pendant la période d'exploitation, la tranchée centrale et de supprimer ensuite les écluses supérieures devenues inutiles. M. Wyse lui-même ne nous a pas caché la sympathie qu'il avait pour cette conception. Aussi, en étudiant notre variante à 8 écluses, avons nous jugé intéressant d'examiner ce que deviendrait le projet Wyse dans le cas où l'on ne pourrait faire que 2 écluses à Bohio.

En ne faisant plus que deux écluses de 11 mètres de chute au lieu de 3, à Bohio, non seulement la hauteur du barrage à faire en ce point se trouve réduite d'un tiers, mais, de plus, il devient alors possible de se débarrasser complètement du Chagres pendant sa construction. Ainsi que le montre le cro-

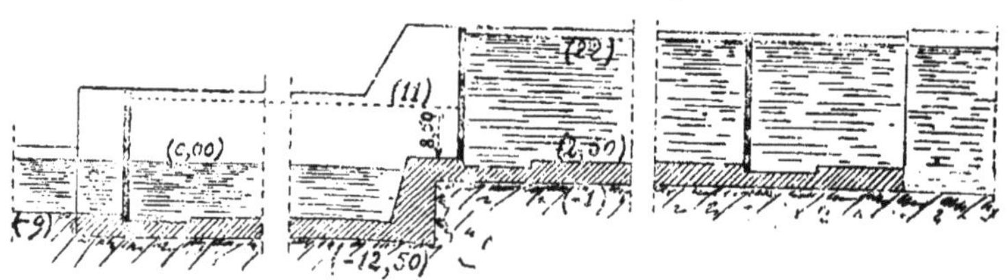

quis ci-dessus, le plafond de l'écluse supérieure se trouve, en effet, abaissé à la cote 2.50, de sorte que, en tenant compte de la hauteur du radier et de l'espace occupé par les tuyaux de remplissage (1), les fouilles de l'écluse supérieure devront

(1) Nous avions d'abord pensé que le remplissage des écluses se ferait, de même que dans le projet de l'ancienne Compagnie, au moyen de 2 tuyaux métalliques placés dans le radier. Il sera peut être plus avantageux d'effectuer ce remplissage à l'aide d'aqueducs ménagés dans les bajoyers, mais cela ne modifiera pas sensiblement la profondeur de la fouille.

être descendues, en moyenne, jusqu'à 1 mètre au-dessous du niveau moyen de la mer. D'autre part, si l'on considère la faible distance C D, qui sépare la tête amont de cette écluse du lit actuel du Chagres (voir la planche III) (1), on se rend aisément compte qu'il n'y aurait que très peu de déblais à enlever pour creuser, sur cette distance, un chenal dont le plafond serait au même niveau que le fond de la fouille de ladite écluse. On conçoit, dès lors, que, après avoir creusé ce chenal et les fouilles des deux écluses, il serait facile, à l'aide d'un barrage provisoire établi en A B, de dériver momentanément le Chagres dans le Canal, de façon à pouvoir construire en toute liberté le barrage définitif.

Il faut remarquer, en effet, que les excavations dans lesquelles les écluses à double sas devront prendre place, auront une largeur moyenne de 80 mètres, environ, et qu'un chenal de cette largeur, creusé jusqu'à la cote —1, sera suffisant pour débiter même les crues extraordinaires du Chagres. La plus forte crue connue de cette rivière, et en même temps celle qui a été de beaucoup la mieux observée, n'a atteint, à Bohio, que la cote 9.80, en un point où la section mouillée, qui a pu être exactement relevée, n'était cependant que de 767 mètres carrés. Il suit de là que si le Chagres avait trouvé devant lui le chenal auquel nous proposons de recourir, il ne se serait élevé qu'à une hauteur notablement moindre, puisque la section nécessaire à son débit, en supposant même que la vitesse du courant n'eut pas été augmentée, lui aurait été fournie entre les cotes — 1 et 8.60. On voit, en effet, que dans un canal de 80 mètres de largeur moyenne, une section de 767 mètres carrés n'occupe qu'une hauteur de :

$$\frac{767}{80} = 9 \text{ m. } 60$$

En réalité, le niveau de la crue n'aurait même pas monté jusqu'à la cote 8.60, par suite de l'accroissement de vitesse dû tant à l'augmentation du rayon moyen qu'à l'abaissement du plafond du chenal considéré. Or, jusqu'à cette cote, et même un peu au-dessus, le Chagres ne sort pas de son lit, de sorte que le barrage provisoire proposé en A B n'aurait qu'une très faible importance, tant en longueur qu'en élévation. Sa construction, avec les déblais provenant précisément du chenal à creuser, ne présenterait donc aucune difficulté et pourrait certainement être exécutée dans une seule saison sèche. Enfin,

(1) Le barrage principal figuré sur cette planche est un barrage en maçonnerie, tandis que, comme nous le verrons plus loin, ce barrage devra être construit en terre.

la résistance de ce barrage serait facilitée par sa disposition très oblique sur la direction du courant de la rivière.

Nous croyons inutile d'insister sur les avantages que présenterait cette dérivation facile et certaine du Chagres. Il suffit de se rappeler l'importance et la fréquence des crues de cette rivière pour comprendre combien il y aurait intérêt à s'en mettre à l'abri. Grâce à cette disposition, il serait sans doute possible, à l'aide d'épuisements et en évitant les retours d'eau à l'aval par un bâtardeau construit en E F, de mettre à jour et de reconnaître complètement le sol de fondation du barrage principal.

Si ce sol était jugé convenable pour servir d'appui à un barrage en maçonnerie, l'exécution de cet ouvrage ne présenterait plus d'autres difficultés que celles résultant de son importance. Si, au contraire, l'examen des terrains occupant le fond de la vallée les faisait reconnaître impropres à supporter une construction en maçonnerie, il serait alors facile d'exécuter, avec tout le soin nécessaire, la digue en terre destinée à relever les eaux à l'altitude désirée.

La première objection que soulève ce procédé, c'est qu'il paraît plutôt déplacer la difficulté que la résoudre. On pourrait croire, en effet, que les facilités gagnées dans l'exécution du barrage, seront compensées par l'aggravation des difficultés de construction des écluses. En réalité, il sera loin d'en être ainsi, car l'édification de ces dernières dans une butte rocheuse, où elles trouveront un appui et un encastrement parfaits, est un travail nullement comparable à l'érection du barrage.

Lorsque ce dernier sera terminé, ou tout au moins n'aura plus à redouter les effets d'une crue, même extraordinaire, le moment sera venu de procéder à la construction des écluses. On établira alors, soit avec les matériaux du barrage provisoire A B, devenu inutile, et même nuisible par la direction qu'il imprimera au courant, soit avec d'autres plus économiques, s'il y a lieu, des bâtardeaux en amont et en aval de la fouille de ces écluses, vers les points kilométriques 24.400 et 23.800, de façon à isoler complètement cette fouille. Le relèvement des eaux créé par le bâtardeau d'amont permettra de faire écouler, par siphonnement dans de gros tuyau métalliques, le volume relativement faible que débite le Chagres pendant la saison sèche et même celui correspondant aux crues peu importantes.

Les fortes crues ne se produisant, en général, que pendant les trois ou quatre derniers mois de l'année, on disposera donc de 7 ou 8 mois, peut-être plus, pendant lesquels il sera possible d'établir à sec les fondations des écluses et surtout de construire les têtes d'amont de l'écluse supérieure. Ce dernier travail exécuté, on sera à l'abri de tout danger car on pourra, alors, suppléer au bâtardeau d'amont, insuffisant pour retenir et supporter les grandes crues, sinon par les portes définitives, du moins par des portes provisoires constituées simplement par des poutres jointives. Le pire qui puisse arriver, c'est qu'une forte crue, venant à se produire avant que ces portes aient pu être mises en place, emporte le bâtardeau d'amont. Les travaux en cours d'exécution seraient, alors, plus ou moins endommagés, mais, à la saison sèche suivante, il serait facile de réparer le mal et de terminer les travaux nécessaires pour mettre les fouilles entièrement à l'abri.

En tous cas, il est incontestable que les dégradations qu'une forte crue causerait aux travaux des écluses, seraient de bien moindre importance que les perturbations qu'une pareille crue apporterait, si l'on n'avait pas recours à l'artifice proposé, dans les travaux d'édification du barrage, surtout si ce barrage devait être construit en terre.

On remarquera que le creusement du chenal proposé aura pour effet de supprimer le mur de chute de l'écluse supérieure (voir le croquis page 20) et de donner aux portes d'amont de cette écluse la même hauteur qu'aux portes d'aval. Cette conséquence, qui ne se traduira que par un léger surcroît de dépense, n'influera en rien sur les facilités d'exploitation. D'ailleurs, si cela était jugé préférable, il serait facile de reconstituer en partie, avec de la maçonnerie, le massif rocheux enlevé et de créer un mur de chute artificiel, de façon à diminuer la hauteur de la porte d'amont.

Nous compléterons l'exposé qui précède, et que nous avons emprunté à nos *Nouvelles Études sur le Canal de Panama*, en précisant davantage certains points de ce programme et en montrant comment les travaux peuvent être divisés en deux phases distinctes et successives.

1° *Travaux de la première phase.*

En ce qui concerne l'ouvrage destiné à créer la retenue de Bohio, nous pensons qu'il y aura lieu de se prononcer en faveur d'un barrage en terre et c'est une digue de ce genre qui nous paraît offrir la solution la plus sûre et en même temps la plus économique. Tant qu'il s'agissait d'un barrage de 33 mètres de hauteur, nous n'osions nous résoudre à ce mode de construction qui, sous une pareille charge d'eau, ne nous paraît pas donner un degré de sécurité suffisant; mais, du moment que la hauteur de la retenue est réduite à 22 mètres, nous n'hésitons pas à renoncer au barrage en maçonnerie, dont les fondations ne laisseraient certainement pas que d'être très délicates et qui serait très coûteux. Moins que jamais, nous ne croyons que l'on puisse entreprendre, sans témérité, de jeter de vive force un barrage en terre ou en blocs de diverses grosseurs, sur le Chagres, et si nous nous rallions à l'exécution d'un barrage en terre, c'est non seulement parce que sa hauteur est suffisamment réduite, mais surtout parce que nous avons trouvé un procédé permettant de constituer la digue à l'abri des crues de la rivière et avec tout le soin possible. Les déblais qui restent à exécuter dans le Canal entre les kil. 22.700 et 24.000, c'est-à-dire à proximité du barrage, sont d'ailleurs tout particulièrement propices à la confection d'un excellent corroi et nous avons la conviction que leur mise en œuvre suivant la méthode adoptée en France dans des cas analogues, notamment aux réservoirs de Torcy-Nœuf et de Montaubry, est de nature à donner toute sécurité.

Au lieu de barrer le Chagres en jetant simplement dans son lit des déblais *tout-venants* ou triés en diverses catégories, sans se préoccuper des effets des crues sur l'ouvrage en construction et sans prendre les mesures nécessaires pour assurer une parfaite étanchéité, tant dans le corps de la digue qu'à son contact avec le sol naturel, nous pensons, au contraire, qu'une retenue en terre de 22 mètres de hauteur ne peut être établie sur le Chagres, que si l'on parvient à se débarrasser momentanément de cette rivière, de façon à pouvoir, non seulement construire la digue complètement à l'abri des eaux de la rivière, mais aussi l'enraciner et la lier convenablement avec la base d'appui. Au lieu de chercher la résistance et la sécurité dans la masse des matériaux mis en œuvre et de songer, comme l'ont fait certains auteurs, à barrer le Chagres par une véritable montagne artificielle, nous pensons que l'on doit, au contraire, n'employer que la quantité de matériaux réellement nécessaire et s'attacher, surtout, à constituer un remblai parfaitement étanche, suffisamment homogène pour ne pas être exposé à subir des tassements et convenablement défendu contre les intempéries et contre l'action des vagues qui ne manqueront pas de se produire sur un lac profond et de grande étendue.

Au surplus, voici en quelques mots comment nous comprenons que ce barrage serait exécuté. Une fois le Chagres dérivé comme nous l'avons dit plus haut, l'emplacement de la digue serait d'abord soigneusement décapé et expurgé de la terre végétale et du gravier qui le recouvre et on enlèverait ainsi toute la hauteur nécessaire pour atteindre une base d'appui imperméable. Le corps de la digue serait ensuite constitué avec les déblais argilo-sableux provenant de l'excavation du Canal au kil. 23, déblais qui seraient déposés par couches de

0 m. 10 d'épaisseur et soigneusement corroyés à l'aide d'un rouleau à vapeur, comme ceux, par exemple, employés à Torcy-Neuf qui pouvaient comprimer 5.000 mètres cubes par jour, mesurés après le tassement. Pour augmenter la dureté du corroi obtenu, on pourra, ainsi que cela a été fait au réservoir de Mittersheim et dans certains autres cas, saupoudrer le remblai avec de la chaux en poudre ou l'arroser avec du lait de chaux, suivant qu'il sera trop humide ou trop sec. Avec ces précautions, on obtient, d'après M. Vallée, ingénieur en chef des ponts et chaussées, après battage et dessication, un remblai tellement dur que le pic est nécessaire pour y creuser une fouille.

Pour résister à l'action des vagues qui viendront le battre, le parement amont de la digue sera recouvert d'un revêtement maçonné disposé en gradins et analogue à ceux employés dans les réservoirs récemment construits en France et notamment dans ceux de la Liez et de Torcy-Neuf.

Quant au profil de la digue, nous estimons, avec M. Guillemain (1), qu'il est inutile de lui donner une épaisseur en couronne égale à la moitié de la hauteur de la retenue, et nous pensons qu'une épaisseur de 5m50, comme au réservoir de la Liez (2), serait parfaitement suffisante. Toutefois, pour donner satisfaction aux appréhensions, même les plus exagérées, nous adopterons dans nos prévisions une largeur en crête de 10 mètres. Le talus d'amont de la digue sera incliné à 3 de base pour 2 de hauteur et son talus d'aval aura une inclinaison générale de 2.5 de base pour 1 de hauteur.

Dans ces conditions, le volume total de la digue serait de 325.000$^{m^3}$. La terre employée provenant du creusement du Canal sera, en réalité, gratuitement fournie et pour avoir le prix de revient du barrage il suffira de tenir compte des dépenses occasionnées par la mise en place et le corroyage du remblai. En France, ce travail coûte de 0 fr. 20 à 0 fr. 85 le mètre cube et, en estimant qu'il atteindra 1 fr. 80 dans l'isthme, nous serons certainement au-dessus de la vérité, de sorte que le prix de revient total du corps de la digue ne serait que de 585.000 fr.

A cette dépense, il faut ajouter celle due au revêtement maçonné du parement d'amont qui, à 100 francs le mètre carré de surface verticale en élévation, s'élèvera à 610.000 fr., ainsi que le parapet destiné à surmonter la digue qui, à 200 francs le mètre courant, reviendra à 90.000 francs, une somme de 133.000 francs pour la construction d'un mur de garde et, enfin, une somme de 182.000 francs pour le décapement de la base

(1) Rivières et canaux, tome II, page 326.

(2) Congrès de navigation intérieure de 1892. Rapport de M. Cadart.

d'appui du barrage, de sorte que, en définitive, le prix du revient total du barrage serait le suivant :

Corps de la digue.	585.000 fr.
Revêtement maçonné.	610.000 »
Parapet.	90.000 »
Mur de garde.	333.000 »
Préparation de l'emplacement.	182.000 »
Total.	1.800.000 »

Ce prix paraîtra au premier abord peu élevé si on le compare à celui de certains ouvrages analogues exécutés en France. Cela tient à ce que la dépense ci-dessus relative à la confection du corps de la digue ne comprend ni la fouille, ni le transport des matériaux employés, ces matériaux provenant de l'excavation du Canal et leur prix de revient étant compté dans les dépenses relatives au creusement du Canal proprement dit. En réalité, les prix unitaires employés dans l'estimation ci-dessus sont tous triples ou quadruples de ceux obtenus en France.

Afin de ne pas altérer son homogénéité et d'éviter toute cause pouvant donner lieu à des infiltrations, le barrage ne serait percé d'aucune ouverture et la prise d'eau pour l'alimentation des turbines se ferait en creusant un petit tunnel dans le massif rocheux de la rive droite du Chagres sur lequel s'appuie le barrage.

Quoique l'expérience ait démontré que les travaux de ce genre ne doivent pas être édifiés avec une trop grande rapidité, nous pensons que le barrage de Bohio pourra, sans inconvénient, être construit en 2 ou 3 ans au plus.

Ce travail fait, il faudra songer à la construction des écluses qui sera gênée par le passage du Chagres dans leur fouille. Nous pensons que cette construction pourra avoir lieu sans difficultés de la manière que nous avons décrite plus haut et qu'il n'y a pas lieu de redouter outre mesure l'action des crues sur les maçonneries en exécution, surtout si les maçonneries sont faites au mortier de ciment. Les dégradations produites par des crues sur des maçonneries dont la base est inaffouillable et inébranlable ne pourront être que superficielles et peu importantes, car elles consisteront seulement dans l'enlèvement des assises fraîchement posées et dont le mortier n'aura pas encore acquis la dureté nécessaire pour résister à la vitesse des eaux.

On conçoit d'ailleurs que les travaux de mise en place de la porte d'amont pourront être rapidement exécutés et que, à l'abri de cette porte, il sera possible de terminer les écluses en toute sécurité. Cependant, si l'on avait quelques doutes à ce sujet, nous ferions remarquer qu'il serait très facile de construire un peu en avant de la porte d'amont elle-même, non pas un simple bâtardeau comme celui dont nous avons parlé, mais un barrage complet relevant le niveau à une altitude suffisante pour que les plus fortes crues puissent s'écouler par les déversoirs aménagés à cet effet et ne jamais apporter de perturbations dans les travaux des écluses. Cette disposition présenterait, d'ailleurs, un autre avantage plus certain et beaucoup plus important et qui fait qu'à notre avis elle devra être adoptée sans hésitation.

Si l'on suppose en effet que, dès que le barrage principal et les barrages déversoirs auront été terminés, on puisse, par un barrage provisoire, fermer immédiatement la fouille des écluses, le Chagres n'ayant plus aucune issue emmagasinera ses eaux et remplira peu à peu le lac constitué au-dessus de Bohio jusqu'au niveau des déversoirs. On aura donc ainsi créé entre Bohio et Bas-Obispo, une voie navigable, qu'il n'y aura plus qu'à approfondir en certains points par des dragages et, si l'on a eu soin de laisser dans ce parcours les dragues qui y sont encore actuellement, ce travail pourra être fait en même temps que l'on achèvera les écluses. D'ailleurs, pendant les 3 ou 4 ans qu'auront duré le creusement des fouilles des écluses et la construction du barrage, on aura pu terminer le bief maritime de l'Atlantique et le matériel flottant qui se trouve actuellement remisé à Colon étant devenu disponible, on aura pu, avant la fermeture du lit provisoire du Chagres, le faire passer dans un garage spécialement creusé à cet effet en un endroit situé en amont du point où doit avoir lieu cette fermeture, de façon à ce que ce matériel se trouve également dans le lac créé au-dessus de Bohio et puisse aussi être employé à l'approfondissement du chenal.

Toutes les dragues et tous les clapets provenant de Colon n'étant pas nécessaires pour l'achèvement du chenal entre Bohio et Bas-Obispo, ce travail n'ayant qu'une faible importance, on pourra, si l'on suppose que l'échelle de deux écluses prévue en ce dernier point est déjà construite, ainsi que le barrage de l'Obispo, faire passer ce matériel dans le bief de partage et l'employer au creusement de la grande tranchée. Pendant que l'on exécutait les travaux dont nous venons de parler, on aura, d'ailleurs, pu creuser, à travers du massif central, une cunette d'une dizaine de mètres de largeur à 4 ou 5 mètres au-dessous du niveau maximum du bief de partage, c'est-à-dire dont le plafond sera à la cote 36 ou 37. L'achèvement de la grande tranchée se fera alors, comme nous l'avions indiqué dans nos *Nouvelles Etudes*, soit en attaquant directement les déblais avec la drague pour les charger dans des clapets, soit en chargeant ces clapets à main d'homme avec des wagonnets Decauville. Il y aura sans doute lieu d'employer le premier procédé dans les terrains peu consistants et le second dans les parties rocheuses qui nécessiteront une désagrégation préalable à la mine.

Quant à la vidange des clapets, elle se fera pour une grande partie dans le lac formé par la partie inférieure de la vallée de l'Obispo et de son affluent le Mandingo, mais la capacité de ce lac n'étant pas suffisante pour recevoir tous les déblais provenant de la grande tranchée, une partie des clapets devra être éclusée et déchargée dans le lit actuel du Chagres, entre Matachin et San Pablo, qui comprend sur ce parcours des endroits très favorables pour cette opération. Malgré cela, le prix de revient moyen des transports des déblais du massif central sera très peu élevé et comme c'est ce prix, beaucoup plus que celui de la fouille, qui influe sur le prix de revient total du mètre cube excavé, il s'ensuit que les travaux d'élargissement et d'approfondissement de la tranchée pourront, non seulement être exécutés avec beaucoup plus de rapidité, mais aussi à bien meilleur marché que par tout autre procédé.

Cette idée de la substitution du transport par voie d'eau aux transports par voies ferrées, pour l'enlèvement des déblais du massif central, est tellement rationnelle que, depuis plus de deux ans que nous l'avons exposée, elle a fait un grand nombre d'adeptes, parmi lesquels M. de la Tournerie lui-même. On remarquera, en effet, que le projet de M. le Président du Comité technique est en grande partie basé sur cette idée que nous avions longuement développée dans nos *Nouvelles Etudes*.

Une grande partie des déblais pouvant contenir dans le lac constituant le bief de partage, la quantité d'eau consommée pour la mise en dépôt de ces déblais sera nulle et, une fois le lac constitué, les petits rios qu'il reçoit seront suffisants pour maintenir son niveau. Mais il n'en sera plus ainsi lorsqu'il faudra écluser les clapets et il sera alors nécessaire de remplacer, au fur et à mesure, la quantité d'eau consommée par cet éclusage. Cette alimentation du bief de partage se fera alors par l'installation prévue pour l'exploitation du Canal, installation que l'on aura eu largement le temps de faire dans les 4 ou 5 années qui se seront écoulées avant que le moment d'y avoir recours soit arrivé. Dans une note spéciale, nous donnerons quelques détails sur cette installation, mais il nous paraît utile de rappeler ici en quoi elle consistera. Des turbines établies au barrage de Bohio recueilleront la force motrice créée par ce barrage et cette force motrice transportée par l'électricité à l'extrémité du bief de partage, à Bas-Obispo, actionnera des pompes qui, puisant l'eau dans le grand lac formé par la vallée du Chagres, l'élèveront dans ce bief supérieur. Cette installation, indépendante de tous autres ouvrages, pourra être commencée dès la reprise effective des travaux et pourra aisément être faite pendant le laps de temps nécessaire à la construction du barrage de Bohio et des écluses de Bas-Obispo, de sorte que, dès que ces ouvrages auront été construits et que le lac aura été rempli, elle sera prête à fonctionner, c'est-à-dire à alimenter le bief de partage. On pourra donc expérimenter ce système d'alimentation bien avant même l'achèvement du Canal et se rendre compte des qualités et des défauts qu'il pourra présenter. Cette expérience permettra d'apprécier le rendement effectif des machines élévatoires et du système tout entier, ainsi que le rôle régulateur du lac sur les crues du Chagres et le fonctionnement des barrages-déversoirs, avec partie mobile, auxquels nous pensons que l'on devra avoir recours. D'autre part, l'éclusage des clapets, à l'échelle d'écluses de Bas-Obispo, fournira le moyen de vérifier la manœuvre des écluses et la quantité d'eau inutilement perdue par leurs portes, quantité au sujet de laquelle on n'a aucune base d'appréciation et qui cependant joue un certain rôle dans l'évaluation du volume d'eau total nécessaire à l'exploitation du Canal.

L'installation mécanique et électrique dont nous venons de parler sera en outre un puissant auxiliaire pour les travaux restant à exécuter au moment où elle sera elle-même terminée. La quantité d'eau consommée dans le bief de partage pour l'éclusage des déblais sera en effet bien moindre que celle qui pourra lui être fournie par le système de machines prévu pour l'alimentation du Canal après son ouverture au transit. On pourra donc distraire de la force motrice transportée à Bas-Obispo une fraction notable qui ne sera pas utilisée par les pompes et qui pourra, au contraire, être distribuée par l'électricité sur les chantiers, et notamment sur ceux peu éloignés de la grande tranchée, et employée à actionner divers engins, tels que perforatrices, grues, treuils, remorqueurs, etc (1). Cette distribution sur les chantiers d'une force motrice gratuite et maintenant très maniable permettra, sans aucun doute, d'obtenir une économie très importante sur le prix de revient des divers ouvrages et notamment des terrassements du massif central. Enfin, on pourra également utiliser l'excédent de l'éner-

(1) On sait que l'application de l'électricité aux grues, treuils et perforatrices a déjà fait ses preuves sur des chantiers très importants. Quant à son emploi pour la propulsion des bateaux, il est certainement d'une réalisation beaucoup plus facile que la traction des tramways. On conçoit, en effet, aisément que ces bateaux pourraient être actionnés par un courant fourni par des accumulateurs chargés par l'usine de Bohio ou par celle de Bas-Obispo.

gie électrique fournie par la chute de Bohio à l'éclairage du Canal et en particulier de certains chantiers où, pour des raisons quelconques, on désirerait faire travailler la nuit.

L'idée d'utiliser la puissance des eaux du Chagres au creusement de la grande tranchée est si naturelle qu'elle a déjà séduit beaucoup d'ingénieurs. Toutefois, à part ceux qui ont proposé la création d'un courant d'eau capable d'entraîner les déblais, aucun d'eux ne s'est clairement expliqué sur ce point. Nous pensons que le mode d'utilisation que nous venons d'indiquer est aussi pratique que rationnel car il ne comporte ni procédés, ni engins nouveaux, mais simplement l'application facile d'une force gratuite à des appareils ayant déjà fait leurs preuves. Il importe, d'ailleurs, de remarquer que la force en question n'est gratuite que parce que l'installation qui la procure est faite en vue de l'exploitation du Canal et que si elle devait, au contraire, être uniquement créée en vue de l'exécution des travaux elle aurait une influence très sensible sur leur prix de revient.

D'après M. de la Tournerie, l'un des plus grands avantages que présenterait la dérivation du Haut-Chagres préconisée par lui serait de permettre une rapide mise en eau du bief de partage et de faciliter ainsi l'excavation de la grande tranchée. Or, il faut remarquer qu'il ne sera possible d'amener le matériel flottant, du moins celui situé actuellement dans le bief de l'Atlantique, dans ledit bief de partage, que quand tous les ouvrages d'art auront été exécutés et que le lac aura été rempli, c'est-à-dire quand le Canal sera presque entièrement achevé. Avec le projet auquel semble vouloir s'arrêter M. le Président du Comité technique, cette exploitation des déblais de la grande tranchée ne serait donc possible que lorsque les deux barrages qu'il prévoit sur le Chagres auraient été exécutés, tandis qu'avec le procédé que nous venons d'indiquer cette exploitation pourra avoir lieu dès que le seul barrage de Bohio aura été construit.

S'il est possible de discuter l'efficacité du système d'alimentation que nous avons prévu pour le bief de partage, lorsque le trafic du Canal aura atteint une très grande intensité, il nous paraît certain qu'on ne saurait nier que l'installation prévue par nous est suffisante pour permettre l'évacuation des déblais de la grande tranchée par bateaux porteurs destinés à être déchargés dans le lac supérieur ou éclusés à Bas-Obispo. Il nous paraît également hors de doute que l'artifice que nous avons exposé plus haut fournirait aussi le moyen d'amener le plus tôt possible et avec la moindre dépense le matériel flottant du versant Atlantique dans le bief de partage.

Pendant le laps de temps employé à obtenir le résultat ci-dessus, on aura pu creuser à travers le massif central une cunette d'une dizaine de mètres de largeur moyenne, dont le plafond sera situé à 4 ou 5 mètres au-dessous du plan d'eau du bief de partage et dont le cube total ne s'élèvera qu'à environ 4.000.000 de mètres cubes. Cette cunette servira au transport de déblais par chalands ou clapets et elle sera disposée de façon à présenter des élargissements pour le croisement des convois et des garages ou amorces pour le chargement des appareils porteurs.

Enfin, toujours dans le même délai, on aura construit la tête amont de l'échelle d'écluses de Paraiso et le barrage adjacent, de façon à obtenir également la fermeture du bief de partage du côté du Pacifique et à pouvoir procéder à sa mise en eau aussitôt que le lac de Bohio aura été rempli. Ce remplissage du bief supérieur pourra d'ailleurs être activé par la vidange du réservoir déjà créé dans la vallée du Rio-Grande et dont la capacité aura pu être augmentée, ainsi que par les eaux pluviales.

L'ensemble des travaux que nous venons de décrire constituera la première phase de l'entreprise et permettra d'amener le matériel flottant qui se trouve à Colon jusqu'à la tête amont des écluses de Paraiso, c'est-à-dire de l'autre côté de la Culebra. On aura ainsi montré que ce fameux obstacle peut être franchi et en même temps que la retenue de Bohio est suffisante pour rendre inoffensives les crues du Chagres. Enfin, on aura vérifié le système d'alimentation mécanique du bief de partage et le fonctionnement d'une échelle d'écluses, de sorte que les inconnues que présente le problème seront nettement dégagées et les principales difficultés de l'entreprise entièrement résolues. Si, comme nous en avons la conviction, la réalité confirme nos prévisions, l'achèvement du Canal ne sera plus alors qu'une question de temps et d'argent et ne pourra plus être mise en doute, même par les esprits les plus pessimistes. car les travaux qui resteront encore à faire pour livrer le Canal à l'exploitation ne seront plus que des travaux parfaitement définis, sur lesquels presque tout le monde est d'accord et dont le prix de revient pourra, à ce moment surtout, être évalué avec une très grande approximation.

Si l'on considère que ce résultat peut être obtenu dans un délai de 3 ou 4 ans et avec une dépense qui n'atteindra sans doute pas la somme de 180 millions, dont nous donnons plus loin le détail, on sera frappé des avantages que présente la solution que nous venons d'exposer. Certains ingénieurs, et notamment M. Bunau-Varilla, ont bien proposé de diviser également, comme nous le faisons aujourd'hui, l'exécution du

Canal en deux phases distinctes, mais aucun n'a encore, du moins à notre connaissance, proposé un moyen permettant de faire la preuve de la possibilité de l'entreprise et la vérification du système d'alimentation avec une dépense aussi faible que celle que nous venons d'indiquer. M. Bunau-Varilla, dans sa première phase, ne permettrait d'ailleurs aux navires que d'atteindre le pied du bief de partage, tandis que le procédé que nous venons d'indiquer leur permettrait de franchir ce bief et d'arriver jusqu'au point où doit commencer leur descente dans le Pacifique. Nous allons voir maintenant comment cette descente pourrait ensuite avoir lieu et comment, dans une deuxième phase, le Canal pourrait être terminé.

2° *Travaux de la deuxième phase.*

La masse des travaux à exécuter dans cette deuxième période sera notablement plus grande que dans la première, mais en revanche, ces travaux seront d'un caractère beaucoup moins aléatoire et ils ne présenteront aucune difficulté spéciale. Une fois, en effet, que le barrage de Bohio aura été édifié et le grand lac rempli, que le bief de partage aura été fermé à ses deux extrémités et rempli à l'aide des machines élévatoires, et que la tranchée centrale aura été creusée jusqu'à 5 ou 6 mètres au-dessus de son plafond définitif, il ne restera plus qu'à construire les écluses de Bohio et celles du versant Pacifique, à approfondir et à élargir la grande tranchée ainsi que les biefs maritimes, et enfin à établir les ouvrages accessoires du Canal tels que garages, bassins, etc. Or tous ces travaux, surtout après l'exécution de ceux de la première phase, seront nettement délimités et, de l'avis unanime des personnes compétentes, ils ne présentent aucune difficulté sérieuse.

Ces travaux devront, du reste, être entrepris simultanément afin de hâter l'achèvement de l'œuvre de façon à la terminer dans les limites prévues par la loi de concession. Ils sont d'ailleurs tous indépendants les uns des autres, et l'on pourra les attaquer par autant de points que l'on voudra et en faire des lots séparés qu'il sera facile de mettre en adjudication, à des entrepreneurs offrant des garanties sérieuses. A ce sujet, nous ne croyons pas inutile de faire remarquer que si le système des grandes entreprises, dont l'expérience faite par l'ancienne Compagnie a donné de si mauvais résultats, doit être abandonné, il n'en est pas de même des entreprises de moyenne importance et pour lesquelles il est possible de trouver des entrepreneurs capables de fournir un cautionnement effectif. Les grandes entreprises auxquelles l'ancienne Compagnie avait confié des travaux atteignant jusqu'à 100 millions, et même plus, ne présentaient, en effet, que des garanties illusoires, car leurs cautionnements étaient loin d'être en rapport avec l'importance des contrats dont ils devaient garantir l'exécution. Tout en étant liée vis-à-vis d'elle par ces contrats, la Compagnie manquait des moyens coercitifs nécessaires pour en assurer la complète exécution, tandis qu'au contraire, les entreprises ne se faisaient pas faute d'exiger la réalisation de toutes les clauses qui leur étaient favorables. Avec des entrepreneurs plus modestes, auxquels on ne confiera que des lots d'une importance au plus égale à une vingtaine de millions, il sera possible, croyons-nous, de trouver des contractants plus sérieux et qui chercheront la réalisation de légitimes bénéfices, dans la fidèle exécution de leur marché et non dans une interprétation équivoque de leurs cahiers des charges, ainsi que cela s'est trop souvent vu sous l'ancienne Compagnie.

Au moment où les travaux de la deuxième phase seront commencés, le détail estimatif de ces travaux aura d'ailleurs pu être dressé avec une très grande précision, et comme ces travaux ne comporteront, en somme, pas d'autres aléas que ceux que l'on rencontre dans tous les ouvrages analogues, il sera sans doute possible de les soumissionner par lots, *à forfait*, en exigeant des concessionnaires toutes les garanties désirables pour avoir la certitude de la bonne exécution de leurs contrats. Nous ne croyons pas devoir insister ici beaucoup sur ce point, car il s'agit là d'une mesure administrative qu'il est peut-être prématuré de discuter, cependant nous croyons devoir faire remarquer les avantages qu'il y aurait à agir ainsi que nous venons de l'indiquer.

Ainsi que nous l'avons déjà dit au commencement de cette étude, les travaux de la première phase pourront être exécutés avec les ressources qu'il est possible de se procurer par une nouvelle émission d'actions, en engageant même, si cela est nécessaire, l'actif actuel de la liquidation de l'ancienne Compagnie, tandis que les travaux de la deuxième période devront être exécutés avec le produit d'une émission publique d'obligations. Nous avons indiqué les raisons pour lesquelles une fois les travaux de la première phase achevés, c'est-à-dire une fois faite la preuve de la possibilité du Canal, on trouvera sans doute facilement les nouveaux souscripteurs nécessaires. Toutefois n'est-il pas évident que ces souscripteurs seront encore beaucoup plus nombreux et beaucoup plus confiants, si au lieu de se trouver en présence de simples évaluations de la Compagnie, au sujet du coût total de l'achèvement du Canal, ils ont devant eux des marchés fermes, à forfait, avec des entrepreneurs sérieux et offrant des garanties suffisantes pour que la bonne exécution de leurs contrats ne puisse être mise en doute ? Le discrédit dans lequel est tombé l'œuvre du canal de Panama est tel qu'on ne présentera jamais trop de gages au public auquel on fera appel et la Compagnie Nouvelle ne multipliera jamais trop les mesures destinées à ramener la confiance disparue à la suite des événements que l'on sait.

Marche et durée des travaux.

D'après le contrat de prorogation de la Concession, du 5 avril 1893, le délai accordé par la Colombie pour l'achèvement du Canal est de 10 ans à partir du jour de la constitution définitive de la Compagnie Nouvelle du Canal de Panama. Cette constitution ayant eu lieu le 20 octobre 1894, le Canal devra donc être terminé et livré à l'exploitation le 20 octobre 1904.

Si l'on devait adopter le projet de la Commission d'Etudes de 1889, on voit qu'en commençant actuellement les travaux, on aurait juste le temps nécessaire pour les achever dans le délai convenable, puisque cette Commission a estimé que le percement de la Culebra, d'après son projet, demanderait environ 8 années. Avec notre projet primitif, au contraire, l'achèvement du Canal pourrait avoir lieu en quatre années, puisque la durée du travail à faire dans ce cas n'est plus déterminée par la creusement de la Culebra, mais simplement par la construction des ouvrages d'art. Enfin si l'on tient comme exactes les prévisions de la Commission, on ne disposerait plus, dès maintenant, du temps nécessaire pour exécuter la grande tranchée prévue par MM. Wyse, Jacquemin et Sosa, Sautereau et Rives, puisque, d'après ces prévisions, il faudrait au moins dix années pour terminer une pareille tranchée.

Dans le projet dont nous croyons devoir aujourd'hui proposer l'adoption, la profondeur de la tranchée centrale est inférieure de 3 mètres 50 à celle du projet de la Commission, et son volume de 2 millions et demi de mètres cubes, environ, plus faible que celui de ce dernier projet. On peut donc avoir la certitude que, même sans avoir recours à des procédés spéciaux, cette tranchée pourra facilement être exécutée dans les délais voulus.

Voici maintenant comment nous comprenons que le programme que nous avons indiqué pourra être mis en application.

Nous pensons que l'élaboration du projet définitif, au moins dans ses grandes lignes, pourra être terminée dans le courant de l'année 1896 et que le Conseil d'administration de la Compagnie Nouvelle pourra soumettre à l'Assemblée générale des actionnaires, qui aura lieu à la fin de cette année, la proposition d'augmentation du capital de la Société, et son élévation à 180 millions en numéraire, somme nécessaire pour exécuter les travaux de la première phase. Dans ces conditions, les travaux pourraient réellement commencer le 1er janvier 1897.

Nous avons dit que le plus urgent de ces travaux, en dehors du percement de la cunette de la Culebra, auquel on travaille d'ailleurs depuis la formation de la Nouvelle Compagnie, est le creusement des fouilles de l'écluse de Bohio, afin de permettre d'y dévier le Chagres et de construire le barrage à l'abri des crues de la rivière. Ces fouilles pourront être terminées dans un an, environ, et, en mars 1898, au moment où le Chagres est à l'étiage, on pourra y détourner cette rivière à l'aide du petit barrage provisoire dont nous avons parlé, et commencer le barrage principal. Nous admettrons que l'on mettra trois ans pour faire ce barrage, et que l'on pourra procéder à la fermeture des fouilles des écluses dans la saison sèche, c'est-à-dire en mars ou en avril, de l'année 1901. Pendant ce temps, on aura exécuté tous les autres travaux compris dans la première phase, c'est-à-dire la déviation du chemin de fer, la construction des écluses et du barrage de Bas-Obispo, le creusement de la cunette de la Culebra, jusqu'à la cote 36 environ, la fermeture du bief de partage du côté du Pacifique, etc. On pourra donc laisser remplir le lac avec les premières crues de la saison de 1901 et si, comme nous l'avons dit, avant de procéder à la fermeture de ce lac, on y a amené une partie du matériel flottant qui se trouve dans le bief maritime de l'Atlantique, on pourra, dès que le remplissage du lac sera opéré, faire arriver ce matériel jusque dans le bief de partage. Ce bief ayant lui-même été rempli soit avec les machines élévatoires, soit avec les crues des ruisseaux qui y aboutissent où la vidange des réservoirs dont nous parlerons, on pourra donc, par la cunette navigable déjà creusée à travers le massif, faire arriver ce matériel jusqu'à Paraiso et montrer que la Cordillère peut être franchie.

C'est à ce moment qu'il y aura lieu d'émettre les obligations nécessaires pour terminer l'œuvre et nous pensons que les travaux restant alors à exécuter pourront facilement être achevés dans un délai de trois ans, et que le Canal pourra être livré à l'exploitation vers la fin de la saison sèche de 1904, c'est-à-dire environ 6 mois avant le délai imposé par la Colombie.

En n'opérant pas avec une rapidité plus grande que celle que nous venons d'indiquer, on pourra veiller avec plus de soin à la construction des ouvrages délicats, mais on aura surtout l'avantage de n'avoir jamais besoin que d'un nombre d'ouvriers assez limité et qu'il sera facile de se procurer. Dans ces conditions, il sera possible de maintenir la main-d'œuvre à un prix relativement faible, tandis qu'en voulant exécuter le Canal dans un délai moindre, on se heurterait à des difficultés dans le recrutement des ouvriers, et pour les attirer dans l'Isthme en nombre suffisant on serait obligé, ainsi que cela s'est fait sous l'ancienne Compagnie, de leur offrir de gros salaires, ce qui pourrait majorer singulièrement le prix d'achèvement de l'entreprise.

Nous pensons donc qu'il n'y a pas de temps à perdre et qu'il y a lieu de se mettre à l'œuvre le plus tôt possible si l'on ne veut pas se trouver acculé à la situation onéreuse dont nous venons de parler, pour éviter d'être atteint par la déchéance que la Colombie a le droit de prononcer si le Canal n'est pas achevé à l'expiration du délai accordé. La Nouvelle Compagnie doit d'ailleurs posséder, dès maintenant, toutes les bases d'appréciation nécessaires pour permettre à son Comité technique d'élaborer le projet définitif d'achèvement du Canal et il y a lieu d'espérer que l'on ne tardera pas à connaître la solution à laquelle s'est résolu ce Comité dont on annonce la prochaine convocation.

Nous n'avons pas l'intention de critiquer les actes de la Compagnie Nouvelle, mais il nous sera bien permis de faire remarquer que l'on a déjà trop tardé, à notre avis du moins, de réunir ledit Comité technique. Depuis la fondation de la Société, c'est-à-dire depuis environ 15 mois, M. le Président de ce Comité a été le seul juge des opérations à faire dans l'isthme pour élucider la question ; or, rien ne prouve qu'il ait pensé à tout et que, lorsque le Comité sera réuni, certains de ses membres ne demanderont pas à ce que de nouvelles études soient faites sur le terrain. Il en résultera un temps perdu regrettable et qui aurait été évité si M. de la Tournerie avait pris, dès l'origine, l'opinion du Comité dont il doit être le président. Nous avouons, d'ailleurs, qu'à notre avis M. de la Tournerie va se trouver dans une position un peu délicate pour diriger les débats du Comité, car depuis 15 mois qu'il travaille seul, il en est arrivé à faire un projet spécial qui porte déjà son nom et qu'il cherchera naturellement à faire triompher. Se trouvant ainsi juge et partie, pourra-t-il avoir l'impartialité et l'autorité nécessaires pour présider une réunion d'ingénieurs aussi indépendants que compétents ?

CHAPITRE IV

Détail estimatif des dépenses.

Nous devons d'abord justifier, en quelques mots, les prix unitaires auxquels nous avons cru devoir évaluer les diverses sortes de travaux.

On remarquera que ces prix sont sensiblement plus faibles que ceux que nous avions admis, d'après la Commission d'Etudes, dans notre premier projet Cette diminution est due aux deux causes suivantes :

1° L'élévation du taux du change dans l'Isthme qui, depuis longtemps, est supérieur à 100 0/0, de sorte que la piastre colombienne, au lieu de sa valeur nominale de 5 francs, n'a qu'une valeur réelle notablement inférieure à 2 fr. 50 ;

2° La diminution du prix de la main-d'œuvre qu'il sera possible de réaliser si la masse des travaux à exécuter simultanément ne dépasse pas une certaine limite, c'est-à-dire n'exige qu'un nombre d'ouvriers facile à recruter.

Dans son rapport du 9 avril 1895, M. de la Tournerie estimait que le prix de la journée de manœuvre pourrait facilement être maintenu à une somme ne dépassant pas 3 francs (or), chiffre inférieur de plus de moitié à celui de 6 fr. 50, prévu par la Commission d'Etudes. Nous n'avons pas jugé prudent de compter sur une aussi grande économie, qu'il sera, cependant, peut-être possible de réaliser, et les prix qui servent de base aux estimations, qui vont suivre, sont au moins égaux et souvent supérieurs aux 3/4 de ceux établis par la Commission d'Etudes. Cela revient à dire qu'ils sont d'environ 50 0/0 plus élevés que ceux sur lesquels paraît compter M. de la Tournerie.

I. — *Travaux de la première phase.*

Nous avons vu que ces travaux consisteront dans l'achèvement du bief maritime de l'Atlantique jusqu'à la cote — 4, dans le creusement des fouilles de l'échelle d'écluses de Bohio et dans la construction du barrage et des déversoirs à établir en ce point, dans la construction de l'échelle d'écluses et du barrage du Bas-Obispo, dans le creusement d'une cunette à travers le massif central jusqu'à la cote 36,50, dans la construction des têtes des écluses de Paraiso, dans le creusement du port et du chenal d'accès de la Boca, et enfin dans la construction de la déviation du chemin de fer et l'installation des machines destinées à l'alimentation du bief de partage. Nous allons examiner successivement ces divers travaux.

1° *Dérivations du Chagres.* — Dans nos *Nouvelles Etudes*, nous avons fait clairement ressortir qu'il serait plus avantageux de dépenser dans l'élargissement du bief maritime de l'Atlantique les sommes que certains auteurs de projets proposent d'appliquer au creusement de ces dérivations. Toutefois, nous pensons qu'il y aura lieu d'utiliser les dérivations Rive gauche n° 1, 2 et 3, qui sont presque terminées. La Commission d'études n'avait prévu, pour l'achèvement de ces dérivations que l'enlèvement de 280.000 mètres cubes, mais, par suite des apports faits depuis par les crues du Chagres, nous pensons qu'il y a lieu de doubler ce chiffre, ce qui, au prix moyen de 3 fr. 50, donnerait une dépense de :

560.000 × 3.50 = 1.960.000 francs.

2° *Achèvement du bief maritime de l'Atlantique jusqu'à la cote — 4.* — Cet approfondissement du Canal, dans les parties où il est encore à faire, aura surtout pour but de permettre d'amener, par chalands, les matériaux nécessaires au groupe si important des ouvrages d'art de Bohio. Il comportera l'enlèvement de 1.600 000 mètres cubes dont 1.000.000 seront exécutés à la drague et coûteront en moyenne 3 fr. 50 le mètre cube, soit :

1.000.000 × 3.50 = 3.500.000 francs.

Le cube restant, soit 600.000 mètres, à enlever entre les kil. 22 et 23, sera extrait à sec et servira à la confection du barrage du Chagres établi au kil. 24 (1). Ces déblais, composés d'argile rouge très sableuse, sont, en effet, éminemment propres à la confection d'un bon corroi. A cause des sujétions que pourra présenter le déchargement de ces déblais, nous évaluerons le prix du mètre cube extrait et transporté au lieu d'emploi à 6 francs, ce qui constituera une dépense totale de :

600.000 × 6 = 3.600.000 francs.

3° *Fouille des écluses de Bohio.* — Nous avons dit que l'un des premiers travaux à entreprendre était la fouille des écluses de Bohio par laquelle on fera passer les eaux du Chagres pendant la construction du barrage.

Le creusement de cette fouille, à la cote — 1 et à 80 mètres de largeur, ainsi que ses abords, exigera l'enlèvement de 700.000 mètres de déblais, qui coûteront en moyenne 9 francs le mètre cube, soit :

700.000 × 9 = 6.300.000 francs.

4° *Barrage principal de Bohio.* — Ce barrage sera entièrement

(1) Nous avons vu qu'en réalité il n'entrera dans la confection de la digue que 325.000 mètres cubes. En comptant sur 600.000 mètres cubes et en appliquant à ce volume tout entier le prix de 6 francs, au lieu de celui de 3 fr. 50, nous nous sommes réservé une certaine marge de sécurité.

constitué en terre avec des déblais argilo-sableux, provenant du kil. 23 et dont l'extraction et le transport ont déjà été comptés dans l'avant-dernier paragraphe. Ces déblais devront être régalés par couches de 0m10 puis fortement corroyés avec des cylindres à vapeur, et nous avons vu (page 26) que le prix de revient total du barrage ne s'élèvera qu'à :

1.800.000 francs.

5° *Déversoirs.* — Les déversoirs à barrages mobiles, système Caméré, dont nous avons proposé l'emploi dans nos publications antérieures, coûteront :

Déversoir de gauche : 1.500.000 }
Déversoir de droite : 2.000.000 } 3.500.000 francs.

6° *Barrage provisoire et divers.* — Pour mettre les travaux du barrage principal à l'abri des eaux du Chagres et forcer celles-ci à passer par le chemin que lui offrira la fouille des écluses, il faudra, ainsi que le représente la planche III, faire un petit barrage provisoire sur le Chagres. La construction de cet ouvrage aura lieu avec les déblais provenant des fouilles du chenal compris entre la tête des écluses et le lit actuel du Chagres et ne présentera aucune difficulté.

Nous compterons pour cet ouvrage et divers petits travaux sans importance la somme de :

1.000.000 de francs.

7° *Portes provisoires.* — Nous avons dit qu'une fois le barrage principal et les déversoirs achevés, on constituerait immédiatement la retenue de Bohio, en fermant, soit par un barrage spécial, soit par des portes provisoires, soit même par les portes d'amont définitives des écluses supérieures, la fouille de ces écluses. Quel que soit le mode employé, nous pensons que la dépense qu'il entraînera ne s'élèvera pas à plus de :

1.500.000 francs.

Nous présenterons d'ailleurs, à ce sujet, un projet spécial et dont le développement ne saurait trouver place ici.

8° *Achèvement du canal de Bohio à Bas-Obispo jusqu'à la cote 16.* — Il ne restera que fort peu de travail à faire pour créer une voie navigable de 4 mètres de profondeur, dans cette partie, lorsque la retenue de Bohio à la cote 20, environ, aura été effectuée. Tout ce travail est presque concentré dans les buttes rocheuses de San-Pablo et Matachin, aux emplacements des écluses n° 2 et 3 de l'ancienne Compagnie. Pour éviter d'avoir ensuite à extraire ces déblais rocheux sous l'eau, on creusera les buttes, dans la première phase, jusqu'au plafond définitif du Canal, c'est-à-dire jusqu'à la cote — 9, ce qui nécessitera l'enlèvement de 480.000 mètres cubes coûtant, en moyenne, 5 francs le mètre cube soit :

480.000 × 5 = 2.400.000 francs.

9° *Ecluses de Bas-Obispo.* — Ces écluses seront entièrement construites, dans la première phase, de façon à permettre l'accès du bief de partage au matériel flottant amené d'abord dans le lac de Bohio avant son remplissage et la mise en place de la fermeture provisoire qui doit le créer. Les dépenses qu'elles occasionneront seront les suivantes :

Fouilles : 660.000^{m3} à 9 fr... = 5.940.000 }
Maçonneries, portes, etc.... = 21.060.000 } 27.000.000 francs.

10° *Barrage et déversoir de Bas-Obispo* — La fermeture de la vallée de l'Obispo nécessitera la construction d'un barrage analogue à celui de Bohio, mais de bien moindre importance. La construction se fera avec des déblais convenables provenant du Canal, de sorte qu'il n'y a, à prévoir ici, que le prix de leur mise en œuvre. On sera certainement au-dessus de la vérité en comptant pour le prix de ce barrage et de l'ouvrage de décharge qui devra lui être adjoint la somme de :

3.000.000 de francs.

11° *Cunette du massif central à la cote 36.50.* — Le déversoir du bief de partage sera arasé à la cote 40.50 de façon à conserver une revanche de 0^{m}50, entre cette cote et le niveau maximum du bief qui sera à la cote 41. Pour avoir une cunette capable de fournir, après remplissage, une voie navigable de 4 mètres de tirant d'eau, il faudra donc que son plafond soit à la cote 36.50. Avec une largeur moyenne de 10 mètres, le cube à enlever pour atteindre cette cote sera de 4.000.000 de mètres dont l'enlèvement, par les procédés ordinaires et avec le matériel dont on dispose, reviendra en moyenne à 6 francs le mètre cube, soit pour le creusement de la cunette :

4.000.000 × 6 = 24.000.000 de francs.

12° *Ecluses de Paraiso.* — Les travaux exécutés dans la première phase, relativement à ces écluses, ne comprendront que ceux nécessaires pour la fermeture du bief de partage, c'est-à-dire les têtes et les portes desdites écluses. Il suffira simplement de leur affecter une somme de :

6.000.000 de francs.

13° *Barrage de Paraiso et divers.* — Pour compléter la fermeture du bief de partage du côté du Pacifique et pour les ouvrages tels que siphons, qui pourront être nécessaires pour introduire les eaux des rios de la Cordillère dans ce bief, nous compterons encore une somme de :

4.000.000 de francs.

14° *Chenal du Pacifique et Boca.* — Enfin, nous supposerons que dans la première phase on exécutera, dans le chenal du Pacifique ou dans le port de la Boca, des travaux s'élevant à la somme totale de :

12.000.000 de francs.

15° *Déviation du Chemin de fer.* — Dans la première phase devra également être exécutée la déviation du chemin de fer de Bohio à Pedro-Miguel, soit sur 40 kil. de longueur, ce qui donnera lieu à une dépense de :

40 kil. à 225.000 = 10.000.000 }
Viaduc de Gamboa = 1.500.000 } 11.500.000 francs.

16° *Machines élévatoires.* — La construction des machines élévatoires, c'est-à-dire l'établissement des turbines, de la transmission électrique et des pompes, coûtera en bloc :

6.500.000 francs.

17° *Expropriation.* — Enfin, le montant des expropriations nécessaires pour l'acquisition des terrains inondés peut être évaluée à :

8.000.000 de francs.

Récapitulation.

Le total des travaux à exécuter dans la première phase sera donc le suivant :

1° Dérivations du Chagres	1.960.000 fr.
2° Bief maritime de l'Atlantique jusqu'à la côte — 4	7.100.000 —
3° Fouille des écluses de Bohio et approches	6.300.000 —
4° Barrage de Bohio	1.800.000 —
5° Déversoirs —	3.500.000 —
6° Barrage provisoire du Chagres	1.000.000 —
7° Portes provisoires des écluses de Bohio	1.500 000 —
8° De Bohio à Bas-Obispo jusqu'à la côte 16	2.400.000 —
9° Ecluses de Bas Obispo	27.000.000 —
10° Barrage et déversoir de Bas Obispo	3.000.000 —
11° Cunette du massif central à la cote 36.50	24.000.000 —
12° Têtes des écluses de Paraiso	6.000 000 —
13° Barrages de Paraiso et divers	4.000.000 —
14° Chenal du Pacifique et Boca	12.000.000 —
15° Déviation du Chemin de fer	11.500.000 —
16° Machines élévatoires	6.500.000 —
17° Expropriations	8 000.000 —
Total. . .	127.560.000 fr.

Il convient, pour tenir compte des frais généraux, de majorer ce chiffre, comme l'avait fait la Commission d'Études, de 10 0/0, ce qui le porte à :

127.560.000 + 12.756.000 = 140.316.000 fr.

Le total des travaux prévus dans la première phase s'élèvera donc à 140 millions, en chiffre rond, mais, pour tenir compte de de tous imprévus et aléas qui peuvent se présenter dans une entreprise aussi importante, nous majorerons encore ce chiffre de 20 0/0, ce qui le portera à :

140.000.000 + 28.000.000 = 168.000.000 fr.

Pour évaluer les charges totales qui pèseront sur l'entreprise il faut ajouter encore à cette somme l'indemnité de 7.500.000 fr. qui était due à la Colombie, lors de la formation de la Compagnie Nouvelle du Canal de Panama, ce qui la porte à :

168.000.000 + 7.500.000 = 175.500.000 fr.

La Compagnie Nouvelle n'ayant qu'un capital en numéraire de 60 millions, c'est donc 115.500.000 fr. qu'elle devra encore demander au public pour pouvoir exécuter les travaux compris dans la première phase de l'achèvement du Canal. Nous admettrons que les frais d'émission de cette somme s'élèveront à 4 0/0 du capital à appeler, taux qui paraîtra très élevé si l'on considère que les principaux établissements de crédit s'intéressent à la Compagnie Nouvelle du Canal de Panama et que, par suite, ces établissements se contenteront, sans doute, d'un courtage aussi peu élevé que possible pour ouvrir leurs guichets, lors d'une augmentation du capital de cette Compagnie.

Il suffira donc de compter pour ces frais d'émission sur une somme d'environ 4.500.000 fr., ce qui porte la somme totale à demander au public à 120 millions et celle nécessaire à l'exécution des travaux de la première période à 180 millions.

On remarquera que nous n'avons compté aucune plus-value pour intérêts à servir aux actionnaires pendant l'exécution des travaux. Nous avons admis, en effet, que les nouvelles actions à émettre seraient placées dans les mêmes conditions que celles qui constituent déjà le capital de 60 millions de la Nouvelle Campagnie. Nous ne pensons pas avoir à justifier cette hypothèse, car sa non-acceptation n'aurait pas pour résultat de modifier sensiblement le chiffre ci-dessus, la somme représentative des intérêts auxquels nous faisons allusion étant relativement peu importante.

II. — Travaux de la deuxième phase.

Nous rappellerons que ces travaux comprendront l'achèvement des biefs maritimes, la construction des écluses de Bohio, Paraiso et Pedro-Miguel, et enfin l'élargissement et l'approfondissement du bief de partage et des biefs intermédiaires, et tous les autres travaux nécessaires pour une exploitation facile du Canal tels que bassins de Colon et de Panama, garages d'évitement, etc.

1° *Achèvement du bief maritime de l'Atlantique.* — Nous admettrons comme cube restant à exécuter dans cette partie du Canal le chiffre fixé par la Commission d'études, soit au total 6.510.000 mètres cubes, dont il faut déduire 1.600.000 mètres cubes exécutés dans la première phase, ce qui ramène à 4.910.000 mètres cubes la quantité de déblais à extraire dans la deuxième période de l'entreprise. Ces déblais, consistent presque uniquement en dragages, pouvant facilement être enlevés au prix moyen de trois francs par mètre cube, ce qui constituera une dépense de :

4.910.000 × 3 = 14.730.000 francs.

2° *Achèvement du bief maritime du Pacifique.* — Le cube total à enlever dans ce bief, depuis le Pacifique jusqu'à Pedro-Miguel, est de 9.150.000 mètres cubes, dont le prix de revient moyen ne dépassera certainement pas 3 francs le mètre cube. La dépense totale serait donc de :

9.150.000 × 3 = 27.450.000 francs

dont il faut déduire la somme de 6.000.000 dépensée pendant la première phase, de sorte que pour la deuxième période il n'y a lieu de ne compter que sur une somme de :

27,450.000 — 6.000 000 = 21.450.000 francs.

Nota. — La somme prévue dans la première phase pour les travaux exécutés dans cette partie du Canal est de 12.000.000, mais la moitié, à peu près, sera employée à l'exécution de warfs destinés à recevoir le plus tôt possible les navires et à faciliter leur déchargement, afin d'accroître les recettes du chemin de fer. Il n'y a donc lieu de compter que seulement 6.000.000 comme employés réellement à des travaux d'excavation du Canal.

3° *Achèvement du Canal entre Bohio et Bas-Obispo.* — Les travaux de la première phase ayant amené ce bief à la cote 16, pour le terminer jusqu'à la cote 10, de façon à avoir un mouillage de 9 mètres lorsque le niveau du lac sera à son minimum (cote 19), il faudra encore enlever un cube de déblais de 2.800.000 mètres cubes qui coûteront en moyenne 3 francs 50 le mètre cube, ce qui donne une dépense de :

2.800.000 × 3, 50 = 9.800.000 francs.

Le cube ci-dessus correspond à une largeur au plafond de 64 mètres obtenue en conservant les anciens talus du Canal à niveau, ainsi que nous l'avons expliqué dans les *Nouvelles Etudes*, page 68.

4° *Achèvement du bief de partage (Emperador et Culebra)*. — Le cube total qui reste actuellement à enlever pour obtenir dans la tranchée centrale une voie navigable de 22 mètres de largeur au plafond, ayant ce plafond situé à la cote 39, est de 13.000.000 de mètres cubes. Comme on en aura enlevé, dans la première période 4.000.000 de mètres cubes, il n'en restera plus à extraire, dans la deuxième phase, que 9.000.000. Avec la méthode d'excavation que nous avons proposée, c'est-à-dire en profitant de la cunette déjà ouverte pour effectuer le transport des déblais qui auront été directement chargés dans des clapets à vidange instantanée et avec l'emploi de la force motrice gratuite dont on disposera pour actionner les perforatrices et autres engins, et même les remorqueurs, le prix de revient des déblais sera certainement très faible. Néanmoins, comme c'est là une des parties les plus importantes de l'entreprise, pour éviter tous mécomptes, et surtout pour répondre d'avance à toutes les critiques, nous estimerons le prix de revient du mètre cube à 4 francs, quoique nous ayons la conviction qu'avec une mise en œuvre rationnelle et intelligente, ce chiffre sera loin d'être atteint. D'après cela, le prix d'achèvement de la grande tranchée sera de :

9.000.000 × 4 = 36.000.000 de francs.

En ajoutant ce chiffre à celui de 24 millions dépensé pendant la première phase, on obtient la somme de 60 millions pour prix de revient total de la tranchée centrale. En comparant ce chiffre à celui de 150 millions prévu dans le projet de la Commission d'études pour l'enlèvement d'un cube qui ne dépasse que de 2.500.000 mètres, celui auquel se rapporte cette dépense de 60 millions, on sera sans doute tenté de trouver ce dernier chiffre bien faible. Notre prix de revient moyen d'extraction du mètre cube ne ressort, en effet, qu'à 4 fr. 60, tandis que celui de la Commission d'études s'élève à 9 fr. 50.

Nous avons déjà justifié l'énorme abaissement du prix de revient auquel nous sommes parvenu, grâce à la méthode d'extraction à laquelle nous proposons d'avoir recours. Nous nous bornerons donc à rappeler ici que, ainsi que nous l'avons fait remarquer dans nos *Nouvelles Etudes*, les obstacles que rencontre dans l'Isthme l'exécution des terrassements, résident surtout dans la difficulté des transports, par suite des pluies torrentielles et de la nature argileuse de la plupart des déblais. En substituant aux voies ferrées employées jusqu'ici, pour effectuer ces transports, un mode d'évacuation des déblais par bateaux, il est évident que, non seulement on abaissera considérablement leur prix de revient, mais encore qu'il sera facile d'obtenir une plus grande production. Dès que la cunette dont nous avons parlé aura été ouverte et mise en eau, l'excédant des déblais pourra être évacué par voie d'eau. De plus, le chargement des clapets pourra se faire très facilement et très économiquement avec du matériel Decauville, celui qui a donné les meilleurs résultats dans l'Isthme. Enfin la décharge de ces clapets dans les lacs se fera automatiquement et instantanément, tandis qu'on sait que la mise en dépôt des déblais à l'aide de wagons est l'une des opérations les plus délicates que l'on ait à effectuer, par suite de la mauvaise tenue des voies ferrées sur ces dépôts.

A ces divers avantages il faut ajouter ceux qui résulteront de l'emploi de la force motrice gratuitement fournie par le barrage de Bohio et qui, comme nous l'avons dit, avant d'être employée à l'alimentation du Canal, pourra être utilisée, pendant la deuxième phase de la période d'exécution, à actionner les perforatrices, grues, dragues, remorqueurs, etc. Si l'on se rappelle le prix du charbon dans l'Isthme (MM. Jacquemin et Sosa l'évaluent à 70 francs la tonne), on comprendra tous les avantages que procurera l'emploi d'une force motrice gratuite. Enfin, la substitution des clapets aux wagons permettra de réduire le nombre des coups de mine dans les parties rocheuses, car il ne sera pas nécessaire de les débiter sous un aussi faible volume.

Nous avons la conviction qu'un examen attentif des conditions dans lesquelles nous proposons d'attaquer la grande tranchée démontrera que les prix que nous avons fixés sont largement suffisants.

5° *Achèvement du Canal entre Paraiso et Pedro-Miguel.* — Le prix des déblais à exécuter dans cette partie du Canal pourra aussi être notablement abaissé par l'emploi de la force motrice gratuite recueillie au barrage de Bohio. Néanmoins, nous admettrons que le prix du mètre cube s'élèvera à 4 francs 50, ce qui, pour un volume de 1.800.000 mètres cubes, donnera lieu à une dépense de :

$$1.600.000 \times 4,50 = 7.200.000 \text{ francs.}$$

6° *Ecluses de Bohio.* — Les prix prévus pour une échelle de 2 écluses à double sas de 11 mètres de chute, par la Commission d'Etudes, étaient, non compris la fouille, de 24 à 28 millions, soit en moyenne 26 millions. Nous avons fait remarquer que les prix unitaires admis par cette Commission étaient notablement exagérés et supérieurs au double de ceux admis par M. de la Tournerie. Toutefois, en ce qui concerne les maçonneries et les ouvrages métalliques, pour lesquels le prix de la main d'œuvre n'intervient que pour une certaine partie dans le prix de revient total, nous pensons qu'on ne doit pas faire subir aux prix adoptés par la Commission une trop forte réduction, et nous nous bornerons à les réduire d'environ 1/5. C'est-à-dire que nous évaluerons à 20 millions, en nombre rond, le prix moyen d'une échelle de 2 écluses.

En ce qui concerne l'échelle d'écluses de Bohio, en raison des conditions particulières dans lesquelles elle sera construite, nous majorerons ce chiffre de 15 % soit de 3 millions, c'est-à-dire que nous l'évaluerons à :

23.000.000 de francs.

7° *Ecluses de Paraiso.* — L'exécution de ces écluses exigera une fouille de 600.000 mètres cubes qui, à 9 francs le mètre cube, coûtera :

600.000 × 9 = 5.400.000 francs.

D'autre part, la construction proprement dite des écluses coûtera, comme nous l'avons dit, 20.000.000, ce qui porte la dépense à 25.400.000 dont il faut déduire la somme de 6.000.000 employée à ces mêmes travaux pendant la première phase, ce qui ramène la dépense restant à faire dans la deuxième période à :

25.400.000 — 6.000.000 = 19.400.000 francs.

8° *Ecluses de Pedro Miguel.* — Les fouilles de ces écluses exigeront d'abord l'enlèvement de 900.000 de mètres cubes de déblais qui, à 9 francs le mètre cube, coûteront :

900.000 × 9 = 8.100.000 francs.

A cette somme, il faut ajouter 20.000.000 pour construction des écluses, et 1.000.000 pour les barrages et déversoirs, ce qui porte la dépense totale à :

29.100.000 francs.

9° *Bassins et garages.* — La Commission d'Etudes avait prévu, pour la création de bassins à Colon et à Panama et de garages en certains points du Canal, l'enlèvement de 5.850.000 mètres cubes, occasionnant une dépense de 28.215.000 francs. Nous pensons que la somme à affecter à ces travaux avant l'ouverture du Canal à l'exploitation peut être notablement diminuée, car, dans les débuts de cette exploitation, le nombre des navires qui transiteront par le Canal sera très faible (5 ou 6 par jour, ce qui avec un tonnage moyen de 1.800 tonnes, correspond à un trafic annuel de 3.500.000 à 4.000.000 de tonnes). Après la première année d'exploitation, on pourra toujours compléter lesdits travaux et on pourra alors mieux juger de ceux qui sont réellement nécessaires. Nous ne compterons donc ici que sur une dépense de 11.500.000 francs, correspondant à l'enlèvement d'environ 1.500.000 mètres cubes.

Récapitulation.

Le montant total des travaux restant à exécuter pendant la deuxième période de l'entreprise seront donc les suivants :

1° Bief maritime de l'Atlantique.	14.730.000 francs.
2° Bief maritime du Pacifique.	25.450.000
3° De Bohio à Bas-Obispo.	9.800.000
4° Tranchée centrale.	36.000.000
5° De Paraiso à Pedro Miguel.	7.200.000
6° Ecluses de Bohio.	23.000.000
7° Ecluses de Paraiso.	19.400.000
8° Ecluses de Pedro-Miguel.	29.100.000
9° Bassins et garages	11.500.000
Total.	174.180.000 francs.

Il convient de majorer cette somme, ainsi que l'avait fait la Commission d'Etudes, de 10 %, pour tenir compte des frais généraux, ce qui donne un total de :

174.000.000 + 17.400.000 = 191.400.000 francs.

et de majorer cette dernière somme, représentant les travaux prévus, de 20 % pour tenir compte de tous imprévus et aléas que peut comporter une pareille entreprise, ce qui donne pour montant total des travaux à exécuter dans la deuxième phase :

191.400.000 + 38.280.000 = 229.680.000 francs

soit en nombre rond :

230.000.000 de francs.

Etant donné qu'au moment où il y aura lieu de se procurer cette somme, les travaux les plus difficiles et les plus aléatoires du Canal seront déjà exécutés, que l'expérimentation du système d'alimentation du bief de partage et de la praticabilité des écluses sera faite, et que les travaux restant à exécuter pourront être parfaitement évalués, de manière à ne donner lieu à aucun mécompte, nous pensons que ladite somme pourra facilement être fournie par une émission d'obligations à 5 0/0. En comptant que les travaux de cette dernière période dureront 4 ans et que les capitaux seront appelés au fur et à mesure des besoins, l'intérêt total à servir pendant ce délai sera de 10 0/0. D'autre part, l'émission d'une pareille somme donnera lieu à un courtage qui, grâce à la situation favorable dans laquelle se trouvera alors la Compagnie Nouvelle du

Canal de Panama, ne s'élèvera sans doute pas à plus de 3 0/0 de sorte que, pour avoir la somme totale qu'il faudra demander au public, il suffira de majorer la somme ci-dessus de 13 0/0, ce qui la portera à :

230.000.000 + 29.900.000 = 259.900.000 francs.

Soit, en nombre rond, 260 millions.

La somme totale nécessaire à l'achèvement du Canal serait donc :

1re phase.	180.000 000 francs.
2e phase.	260.000.000
Total.	440.000.000 francs.

La Compagnie Nouvelle du Canal de Panama possédant déjà un capital, en numéraire, de 60 millions, il ne lui resterait donc à se procurer que la somme de 380 MILLIONS.

CHAPITRE V

Réalisation des capitaux nécessaires.

Nous pensons que les travaux de la première phase devront être entièrement réalisés avec le capital-actions de la Nouvelle Compagnie, tandis qu'au contraire ceux de la deuxième phase pourront être entrepris avec le produit d'une émission d'obligations. Sans vouloir traiter complètement cette question, il nous paraît néanmoins utile d'exposer comment nous comprenons qu'il serait possible de réunir, au fur et à mesure des besoins, les 380 millions nécessaires pour compléter la somme de 440 millions à laquelle nous évaluons l'achèvement du Canal.

Capital-actions (*Travaux de la 1re phase*). — Quel que soit le soin avec lequel auront été déterminés les travaux de la première phase, et quelle que soit l'autorité des ingénieurs qui les proposeront, étant donné l'état des esprits, il est à craindre que le public ne souscrive pas entièrement les 120 millions qui devront lui être demandés pour porter à 180 millions le capital en numéraire de la Nouvelle Compagnie. Pour éviter les suites désastreuses d'un pareil échec, nous pensons qu'on pourrait prendre la même précaution que celle déjà prise lors de la constitution du capital actuel de ladite Société. On sait en effet que, en prévision d'un échec de la souscription des 300.000 actions offertes au public, le liquidateur de l'ancienne Compagnie s'était engagé à prendre, au nom de la Liquidation, toutes les actions non souscrites. Par un accord spécial avec 3 des plus importantes maisons de crédit de France, il s'était d'ailleurs, au préalable, assuré la possibilité de faire face, s'il y avait lieu, à cet engagement, en cédant à ces établissements le nombre de bons à lots libérés nécessaire, au prix de 90 francs, pour parfaire le montant de cette souscription.

Par suite de l'engagement pris par elle, la Liquidation s'est trouvée souscripteur de 158.950 actions de la Compagnie Nouvelle, et elle a pu effectuer le versement de la moitié de la somme correspondante sans avoir besoin de céder aucun bon à lot. Au mois de mai 1894, il restait encore à la souche 779.664 de ces bons, mais, pour dégager les 30.500 actions du Panama Rail Road qui se trouvaient entre les mains de divers entrepreneurs, le Liquidateur a dû en remettre 108.227 à ces entrepreneurs, de sorte que le nombre des bons à lots restant actuellement à la souche ne doit plus être que de 671.437.

La valeur de ces bons à lots, qui sont des titres de tout repos, est très stable, et depuis déjà longtemps leurs cours est notablement supérieur à 130 francs, de sorte que, déduction faite de la somme de 21 fr. 68 qui reste encore à verser à la Société civile, on peut admettre sans crainte, comme valeur nette des bons restant à la souche, la somme de 110 francs. D'après cela les 671.437 bons restant à la souche représenteraient donc une valeur totale de 73.858.070 francs. Sur cette somme il sera peut-être nécessaire de faire un léger prélèvement pour compléter les ressources avec lesquelles la Liquidation devra libérer les actions de la Nouvelle Compagnie qu'elle possède déjà, mais on peut néanmoins admettre sans crainte que la réalisation des bons à lots restant à la souche fournirait, en nombre rond, un capital de 70 millions.

D'après cela, quand bien même l'émission de 120 millions d'actions faite par la Compagnie Nouvelle pour porter son capital en numéraire à 180 millions, ne serait pas à moitié couverte par le public, cette augmentation de capital pourrait néanmoins être assurée par les ressources faciles à rendre disponibles de la Liquidation. On pourrait objecter qu'il est délicat de compromettre ces ressources dans l'achèvement du Canal, mais ainsi que l'a fait remarquer le Tribunal civil de la Seine, dans son jugement du 8 août 1894, homologuant les statuts de la Nouvelle Compagnie : d'une part une répartition de l'actif ne donnerait à chaque intéressé qu'un dividende extrêmement minime et, d'autre part, il résulte des divers plébiscites déjà provoqués à ce sujet que l'immense majorité des obligataires de l'ancienne Compagnie s'est prononcée en faveur d'une tentative sérieuse de l'achèvement du Canal, dût cette tentative risquer d'engloutir leurs dernières espérances. Dans ces conditions nous pensons que le Liquidateur ne peut manquer d'apporter son concours, s'il est nécessaire, à l'augmentation de Capital dont la Nouvelle Compagnie a besoin pour amener l'entreprise à un degré d'avancement tel qu'il lui soit alors possible d'émettre, avec succès, le capital-obligations nécessaire à son achèvement.

D'ailleurs étant donné que la Compagnie Nouvelle est non seulement placée sous le haut patronage des principaux établissements de crédit de France, mais encore que ces établissements ont une grande influence dans son Conseil d'Administration, il est évident que l'augmentation du capital-actions dont nous nous occupons ne sera proposée que lorsqu'on aura acquis la conviction que l'entreprise peut être menée à bonne fin. Grâce aux conseils éclairés des hommes techniques, d'une compétence et d'une honorabilité hors de tout conteste, dont la Compagnie Nouvelle paraît vouloir s'entourer, on peut avoir la certitude que les travaux qui seront adoptés n'auront pas un caractère plus aléatoire que ceux de tout autre entreprise simi laire et ne comporteront pas d'ouvrages exceptionnels de nature à effrayer les souscripteurs.

Dans ces conditions il ne nous paraît pas téméraire d'espérer que la nouvelle émission, avec les garanties de premier ordre qu'elle comporte et les dividendes élevés que, comme nous le verrons plus loin, peuvent obtenir les nouveaux titres, trouvera un accueil favorable dans le public et que, par suite, la Liquidation n'aura besoin, si toutefois elle se trouve amenée à le faire, d'aliéner qu'un nombre assez faible de bons à lots pour compléter la souscription du capital de 120 millions.

Etant donné l'état actuel des esprits, à la suite des scandales qui se sont si malencontreusement greffés sur la malheureuse entreprise de Panama, on pourra être tenté de nous taxer d'optimisme et on croira peut-être trouver une preuve de l'indifférence du public pour l'achèvement de l'œuvre dans le fait que, sur 300.000 actions qui lui ont été offertes lors de la constitution de la Nouvelle Compagnie, il n'en a guère souscrit que le dixième. Nous allons essayer de montrer qu'une pareille déduction serait certainement erronée.

Tout d'abord, il convient de remarquer que si, en septembre 1894, le public n'a souscrit, en effet, qu'un peu plus de 30.000 actions de la Nouvelle Compagnie, ces actions ont cependant été réparties entre près de 7.000 souscripteurs, ce qui dénote déjà un nombre important d'intéressés. D'autre part, au moment où a eu lieu cette émission, les obligataires de l'ancienne Compagnie, c'est-à-dire les principaux intéressés à la reconstitution de l'entreprise, étaient énervés par l'avortement des diverses tentatives déjà faites pour la reprise de l'affaire et n'avaient sans doute qu'une faible confiance dans la réussite de la nouvelle combinaison. De plus on ne connaissait pas, au moment où a eu lieu l'émission, les noms des administrateurs destinés à diriger l'entreprise, et l'on comprend que les souscripteurs du Panama, qui avaient primitivement donné leur obole, non pas parce qu'ils avaient raisonné l'entreprise et l'avaient trouvée bonne, mais simplement parce qu'ils avaient foi en l'étoile de M. de Lesseps, soient restés froids en face d'une Compagnie qui n'était personnifiée, à ce moment, par aucune notabilité. Cette situation n'a pas été étrangère, à notre avis, à l'échec de l'émission de 1894, et pour employer une expression qui peint bien notre pensée, si les soldats n'ont pas répondu à l'appel qui leur était adressé, c'est qu'ils ignoraient le nom des généraux qui devaient les conduire à la victoire.

On conviendra que la situation sera bien différente au moment où il y aura lieu de faire l'augmentation de capital de 120 millions dont nous avons parlé. A ce moment la Compagnie Nouvelle aura fait ses preuves, ses ingénieurs auront élaboré un projet définitif d'achèvement du Canal qui, après une large discussion, aura reçu l'approbation des plus hautes personnalités scientifiques ; en un mot on pourra expliquer nettement ce que l'on veut faire et comment on compte s'y prendre pour mener l'entreprise à bonne fin. Nul doute que dans ces conditions la confiance dont a besoin la Nouvelle Compagnie ne s'établisse rapidement et que, quand les grands établissements de crédit recommanderont l'affaire à leurs clients, on ne trouve facilement la somme, en définitive peu considérable, qui permettra d'amener l'entreprise à un degré d'avancement suffisant pour qu'il lui soit ensuite facile de placer les obligations qu'elle aura encore à émettre.

Malgré la confiance que nous avons dans la réalisation de ces prévisions nous craignons de ne pas réussir à les faire admettre et, depuis cinq ans que nous luttons pour cette idée, nous avons pu nous rendre compte combien il sera difficile de faire disparaître le scepticisme avec lequel est envisagée, aujourd'hui, l'entreprise du Canal de Panama. Il ne nous paraît donc pas inutile d'examiner ce qui se produirait même en mettant les choses au pire, c'est-à-dire en admettant que l'émission de 120 millions subisse un échec complet.

Dans ce cas les 70 millions dont disposerait la Liquidation de l'ancienne Compagnie, par suite de l'aliénation des bons à lots restant à la souche, seraient non seulement absorbés, mais seraient même insuffisants pour parfaire la souscription du capital démandé au public. Le complément de la somme nécessaire pour exécuter les travaux de la première phase devrait alors être obtenu au moyen d'un emprunt, et l'on conçoit que cet emprunt pourrait facilement être gagé avec des actions du Panama Rail Road. Ce chemin de fer pourrait d'ailleurs fournir, surtout après les améliorations dont il va être l'objet, un gage dépassant même 50 millions, si cela était nécessaire, de sorte qu'en définitive, on peut dire que les ressources de la Liquidation de l'ancienne Compagnie seraient, au besoin, suffisantes pour porter, sans aucune autre émission publique, le capital de la Compagnie Nouvelle à 180 millions.

Si l'on considère les revenus que sont susceptibles de donner les actions de cette nouvelle Société, on peut même se demander si l'intérêt des obligataires de l'ancienne Compagnie n'exige pas que tout leur actif actuel soit converti en actions de ladite Société. Nous verrons, en effet, qu'il est permis d'espérer que ces actions donneront, dans peu de temps, des dividendes atteignant 13 0/0, et même plus, et que, dans ces conditions, le Liquidateur ferait, au profit des obligataires, une excellente spéculation en se débarrassant de valeurs qui ne produisent aucun intérêt, en échange de titres de la Nouvelle Compagnie. De plus, cette combinaison rendrait certain l'achèvement du Canal et par suite la participation des anciens obligataires aux 60 0/0 des revenus nets, prévue par l'article 52 des statuts de la nouvelle Société.

Cette question a déjà été présentée sous une forme un peu différente, au Tribunal civil de la Seine, lors de l'instance en homologation des statuts de la Compagnie Nouvelle. Un groupe d'obligataires avait, en effet, fait soutenir alors que la Liquidation pouvait entreprendre l'achèvement du Canal avec ses seules ressources et sans l'intermédiaire d'une nouvelle Société. Le Tribunal n'a pas admis cette thèse, estimant qu'en agissant ainsi le Liquidateur aurait excédé les pouvoirs qui lui ont été conférés, mais, d'autre part, il n'a nullement limité les apports que le Liquidateur pouvait faire à la nouvelle Société, ni le nombre d'actions de cette Société qu'il lui était permis de souscrire.

On pourrait d'ailleurs organiser un nouveau plébiscite pour savoir si, comme nous en avons la conviction, les obligataires consentiraient à voir leur actif converti en actions de la Compagnie Nouvelle. Etant donné l'état d'esprit dont ont toujours fait preuve ces porteurs de titres, il ne nous paraît pas douteux qu'ils soient désireux de risquer dans l'achèvement du Canal, qu'ils ont toujours eu en vue, un actif dont la réalisation ne leur donnerait qu'un dividende insignifiant. S'il est à craindre que l'on éprouve des difficultés pour faire engager de nouveaux capitaux dans l'entreprise, il paraît, au contraire, évident que l'on obtiendra facilement la disposition de capitaux improductifs, que leurs propriétaires ont depuis longtemps considérés comme perdus et qui, convenablement employés, peuvent être une véritable source de richesse et réaliser, au moins en partie, les espérances d'autrefois.

Nous ne pensons pas devoir approfondir davantage ici cette question, et nous croyons devoir nous borner simplement à la signaler à l'attention de MM. Gautron et Lemarquis, les mandataires autorisés des porteurs de titres dont il s'agit. Il nous suffit d'avoir montré que de toute façon, et même en admettant que le public reste entièrement sourd aux appels de la Nouvelle Compagnie, il sera néanmoins toujours possible de trouver les 120 millions qui sont encore nécessaires pour exécuter les travaux de la première phase.

Capital-obligations (Travaux de la 2e phase). — Nous avons dit que les 180 millions de travaux effectués dans la première phase permettraient de faire franchir la Cordillère à de petits navires partis de Colon et que les travaux de la 2e phase auraient pour but de livrer entièrement le Canal à l'exploitation. La masse des travaux restant à exécuter dans cette phase sera sensiblement plus considérable que celle des travaux effectués dans la première, mais en revanche leur caractère sera beaucoup moins aléatoire. Il ne restera plus, en effet, qu'à approfondir la tranchée centrale par le procédé économique et sûr que nous avons indiqué, à exécuter les écluses de Bohio, de Paraiso et de Pedro-Miguel, à parachever enfin les divers biefs, et, une fois que les travaux de la première phase auront été exécutés avec succès, la réussite de ces derniers sera considérée comme certaine. Nous avons donc la conviction qu'à ce moment, la Nouvelle Compagnie pourra émettre sans crainte les 260 millions d'obligations dont elle aura besoin pour terminer l'œuvre, et si, comme nous l'avons admis, elle offre pour ces obligations un intérêt de 5 0/0, il ne nous paraît pas douteux que cette émission soit largement couverte. Les nombreuses garanties dont jouiront ces obligations et la haute recommandation dont elles seront l'objet de la part des principaux établissements de crédit français, qui patronnent l'œuvre, nous permettent même de penser qu'elles seront recherchées avec empressement et qu'il sera sans doute possible d'en trouver le placement à un taux inférieur à celui que nous avons indiqué.

CHAPITRE VI

Revenus probables du Canal.

Dans une brochure spéciale (1), nous avons étudié les recettes probables du Canal en faisant remarquer que ces recettes seront sans doute très variables suivant la taxe qui sera perçue pour l'usage de cette voie. Nous avons en même temps démontré qu'un droit fixe, simplement proportionnel au tonnage des navires, serait non seulement injuste, mais aussi nuisible aux intérêts du Canal. Un pareil tarif ne permettrait pas de demander un péage assez élevé aux navires qui réaliseront un grand bénéfice dans l'usage de la nouvelle voie et, d'autre part, il aurait pour effet d'éloigner de cette voie les navires qui, ne trouvant dans cet usage qu'une faible économie, ne pourraient supporter la charge qu'il leur occasionnerait. C'est pour parer à ce double inconvénient que nous avons proposé l'adoption d'un tarif, non pas seulement proportionnel au tonnage des navires, mais aussi à l'économie de trajet que le Canal leur permettra de réaliser. Nous espérons avoir établi que ce tarif serait non seulement plus équitable pour la navigation, mais aussi plus rémunérateur pour l'entreprise du Canal.

Nous ne reviendrons pas sur cette question que nous avons longuement traitée à diverses reprises, mais nous ne pouvons cependant nous empêcher de faire remarquer qu'il serait bon qu'elle fut tranchée en même temps que celle du projet qui devra être mis à exécution pour l'achèvement du Canal. Avant de solliciter l'épargne pour la réalisation des capitaux nécessaires à la terminaison de l'œuvre, il nous paraît indispensable d'évaluer, aussi exactement que possible, les revenus qu'il est permis d'en attendre. Or, pour faire cette évaluation n'est-il pas nécessaire de considérer, d'une part, le coût total de l'entreprise et, d'autre part, les recettes qu'elle est susceptible de réaliser ?

C'est ce qu'avait fait la Commission d'Etudes, présidée par l'honorable M. Guillemain, qui, en même temps que son projet d'achèvement du Canal, avait étudié le tarif à lui appliquer et les revenus qu'il est permis d'en attendre. Depuis que ce travail a été élaboré les circonstances se sont notablement modifiées et on a pu recueillir de nouveaux éléments d'appréciation, de sorte que, de même que son projet demande à être remanié, de même l'évaluation des revenus du Canal faite par la Commission d'Etudes demande à être révisée.

Nous avons donc lieu de penser que le Comité technique de

(1) Le tarif à appliquer à Panama et les revenus probables du Canal.

la Compagnie Nouvelle, dont la mission nous paraît être la même que celle qui avait été confiée à la Commission d'Etudes, sera également appelé à examiner la question des revenus probables du Canal et à rechercher les moyens permettant de donner à ces revenus la plus grande valeur.

En attendant, nous allons admettre, dans ce qui va suivre, que les recettes probables du Canal seront celles prévues par la Commission d'Etudes et nous allons déduire de cette hypothèse et de celles que nous avons faites sur le coût de l'achèvement de l'entreprise, les revenus qu'elle paraît susceptible de donner.

Voici, d'après la Commission d'Etudes, quel serait le trafic probable du Canal et quelles seraient les recettes correspondantes, en admettant un tarif de 12 fr. 50 par tonneau de jauge nette :

« A partir de la mise en exploitation du Canal et par un accroissement annuel d'un million de tonneaux environ, le transit s'élèvera, dès la quatrième année, un peu au-dessus de **4** millions de tonneaux, soit 4.100.000 tonneaux.

« Pendant les huit années suivantes, ce chiffre s'accroîtra, en moyenne, d'environ 250.000 tonneaux par an (à peu près 6 0/0), ce qui, dans la douzième année après l'ouverture, lui ferait atteindre, peut être même dépasser, 6 millions de tonneaux.

« Tout en espérant que le trafic continuera à croître après cette période de douze ans, il est difficile d'émettre une prévision, tant les milieux, à notre époque, se modifient rapidement.

« D'après les bases que nous venons d'indiquer, les recettes brutes du canal, trois ou quatre ans après son ouverture, seraient donc, pour 4.100.000 tonneaux à 12 fr. 50, égales à . . . . 51.250.000 fr.

« Pour avoir le revenu net du canal, il faudra déduire de ce chiffre 10 millions pour les dépenses normales de l'exploitation et 5 0/0 de la recette brute, soit 2,562,500 francs pour le Gouvernement colombien, soit en tout. . 12.562.500 fr.

Ce qui donne . . . . 38.687.500 fr.

« Quatre ans après, le trafic étant devenu de 5.100.000 tonnes, la recette brute serait de . . . . 63.750.000 fr.
dont il faudrait déduire . . . . 13.187 500 fr.

pour avoir la recette nette qui serait égale à. . . . . . . 50.562.500 fr.

« Enfin, 12 ans après l'ouverture, le tonnage étant de 6.000.000 de tonnes, la recette brute serait de . . . . 75.000.000 fr.
les charges de l'exploitation égales à. . . . . 13.750.000 fr.

et les recettes nettes à . . . . 61.250.000 fr.

Nous pensons que la substitution du tarif proportionnel que

nous avons proposé au tarif uniforme prévu par la Commission d'Etudes aura pour effet d'accroître considérablement le tonnage qui transitera par le Canal et d'augmenter dans une mesure notable, quoique moindre, les recettes de l'entreprise.

Admettons, néanmoins, qu'elles soient réellement celles indiquées ci-dessus. D'après l'art. 51 des statuts de la Compagnie Nouvelle, ces recettes devront servir à acquitter :

1° L'intérêt et l'amortissement des emprunts ;
2° Un prélèvement d'un vingtième des bénéfices nets pour le fonds de réserve légale ;
3° Un intérêt de 5 0/0 au capital social ;

Et, d'après l'art. 52, les bénéfices restants seront répartis, après prélèvement de 5 0/0 au profit du Conseil d'Administration, de la manière suivante :

1° 40 0/0 aux actions de la Nouvelle Société ;
2° 60 0/0 à la Liquidation de l'ancienne Compagnie.

D'après cela, les 38.687.500 francs de recettes nettes réalisées dès la quatrième année d'exploitation se repartiront de la manière suivante :

1° Intérêt du capital-obligations de 260 millions à 5 0/0 et annuité pour remboursement de ce capital en 99 ans (1).	13.104.520 fr.
2° Prélèvement d'un vingtième pour le fonds de réserve.	1.276.149 fr.
3° Intérêt à 5 0/0 du capital-actions (185 millions).	9.250 000 fr.
Total. . . .	23.630.669 fr.

Après ce premier prélèvement, les bénéfices seront donc ramenés à :

38.687.500 — 23.630.669 = 15.056.831 francs.

Somme sur laquelle il faudra d'abord prendre 5 0/0 pour le Conseil d'Administration, soit 752,851 francs, ce qui la ramènera à 14.303.990 francs. C'est cette dernière somme qui devra être partagée jusqu'à concurrence de 40 0/0 aux nouveaux actionnaires et 60 0/0 aux obligations de l'ancienne Compagnie.

Ce partage donnera 5.721.596 fr. aux premiers et 8.582.394 fr. aux seconds.

Le dividende total distribué aux actionnaires de la Nouvelle Compagnie s'élèvera donc à :

9.250.000 + 5.721.596 = 14.971.596 francs.

C'est-à-dire que, dès la quatrième année après l'ouverture du

(1) Nous avons admis que le délai de remboursement des obligations serait égal à la durée de la concession.

Canal, le capital fourni par les nouveaux actionnaires recevra un intérêt d'un peu plus de 8 0/0.

Quant aux titres de l'ancienne Compagnie, il est impossible d'évaluer la rémunération totale qu'ils recevront puisque, outre celle indiquée ci-dessus, ils recevront un dividende proportionnel au nombre d'actions de la Nouvelle Société souscrites par la Liquidation de l'ancienne Compagnie.

Rien que d'après ce qui précède, c'est-à-dire en supposant même que le trafic du Canal ne dût guère dépasser 4.100.000 tonnes, on voit néanmoins que les nouveaux capitaux engagés dans l'affaire recevront une rémunération assez large pour tenter les souscripteurs les plus timorés.

Nous allons voir que cette rémunération sera encore bien plus brillante si le trafic atteint, comme l'a pensé la Commission d'Etudes, le chiffre de 6.000.000 tonnes.

Dans ce cas, les recettes nettes s'élèveraient à 61.250.000 fr. tandis que la somme totale à prélever d'après l'art. 51 des statuts, serait égale à 24.756.794 francs. Il resterait donc à partager, conformément à l'art. 52, la somme de :

61.250.000 — 24.756.794 fr. = 36.493.206 francs.

Sur laquelle 5 0/0, soit 1.824.660 francs, reviendraient d'abord au Conseil d'Administration, puis 13.867.418 francs aux nouveaux actionnaires et 20.801.128 francs à la Liquidation de l'ancienne Compagnie.

D'après cela le dividende total que recevraient les nouveaux actionnaires serait égal à :

9.250.000 + 13.867.418 = 23.117.418 francs.

C'est-à-dire correspondrait à un intérêt de 12.5 0/0 de leur capital.

Quant aux obligations de l'ancienne Compagnie, la seule attribution des 20.801.128 francs ci-dessus permettrait de leur donner plus de 2 0/0 de leur capital. Ce taux sera naturellement bien plus élevé si la Liquidation participe, comme nous l'avons fait entrevoir, pour une large part dans l'augmentation de capital de la Nouvelle Compagnie, et il serait facile de voir que, dans ce cas, il pourrait atteindre 3.5 et même 4 0/0.

Sans vouloir donner aux chiffres qui précédent une précision plus grande que celle que peut comporter un calcul de ce genre, on conviendra néanmoins qu'ils sont des plus rassurants et de nature à inspirer grande confiance aux nouveaux souscripteurs. Il n'est même pas interdit d'espérer que les bénéfices de l'entreprise pourront atteindre une valeur encore plus élevée que celle ci-dessus, puisque des auteurs autorisés ne craignent pas d'évaluer le trafic du Canal à 8 ou 10 millions de tonnes, tandis que nous n'avons compté que sur un trafic de 6.000.000 de tonnes. Peut-être, pour desservir un trafic aussi intensif, sera-t-il nécessaire de faire quelques travaux de parachèvement du Canal et de procéder à son élargissement, afin d'accélérer la traversée et de le rendre plus facilement praticable aux navires, mais ces travaux pourront être, alors, exécutés à bon marché, avec un léger prélèvement sur les recettes, ainsi que cela se pratique encore pour le Canal de Suez.

On remarquera que nous n'avons pas tenu compte des sources de revenu autres que le trafic du Canal et notamment du produit de la vente ou de la location du domaine de 500.000 hectares que la Colombie doit, d'après le contrat de concession, céder à la Nouvelle Compagnie. Ce sont là des recettes qu'il serait prématuré d'apprécier, mais qui n'auront pas moins une certaine importance.

ANNEXE

Note sur l'alimentation du Canal.

Nous avons développé assez longuement, dans nos *Nouvelles Etudes* (page 69 à 76), les considérations qui nous permettent de penser que le débit du Chagres est suffisant pour faire face à tous les besoins de l'alimentation du Canal. Il nous paraît inutile de reproduire ici les calculs que nous avons donnés à ce sujet et nous nous bornerons à rappeler que, d'après ces calculs, la quantité d'eau consommée par le bief de partage ne serait que de 9 mètres cubes et demi par seconde (1), pour un trafic de 7.250.000 tonnes. C'est là un chiffre bien inférieur à celui admis par la Commission d'Etudes et qui atteignait 24 mètres cubes et demi, mais que nous n'avons néanmoins adopté qu'après des calculs basés sur les mêmes principes que ceux qui avaient servi de point de départ à la savante Commission. Si nous sommes arrivés à un résultat bien différent, cela provient non seulement de l'application du nouveau système de remplissage et de vidange des écluses que nous avons imaginé (voir page 5), mais aussi de la rectification d'une erreur matérielle qui s'était glissée dans les calculs de la Commission et de la modification de certaines de ses hypothèses qui ne nous paraissaient pas suffisamment justifiées.

D'autre part, nous avons également montré que, sur cette donnée de $9^{m3}5$ par seconde, pour la quantité d'eau à envoyer dans le bief de partage, la quantité d'eau totale nécessaire à l'alimentation du Canal serait de $40^{m3}5$ par seconde, et que le débit du Chagres, régularisé par le grand lac de Bohio, est suffisant pour faire face à cette consommation.

Il nous paraît inutile de chercher ici à justifier à nouveau les chiffres que nous avons donnés au sujet de l'alimentation du Canal, car nous ignorons si cette justification est réellement utile, c'est-à-dire si ces chiffres sont sérieusement contestés. Il faut d'ailleurs remarquer que la quantité d'eau que nécessitera le Canal, pour desservir un trafic déterminé, est impossible à fixer exactement, *à priori*, car on ignore quel sera le tonnage moyen correspondant à chaque éclusée et quelle sera la valeur des pertes d'eau par les portes d'écluse ou toute autre cause. D'autre part, les calculs que l'on peut faire pour évaluer les ressources sur lesquelles il est permis de compter, n'ont également pas pour point de départ des données d'une

(1) Dans notre premier projet, nous avions estimé la consommation maximum du bief de partage à $13^{m3}5$ par seconde mais, après une étude plus approfondie, nous avons cru devoir la ramener au chiffre ci-dessus.

certitude absolüe. Dans ces conditions, il est sage de n'accepter que sous réserve telle ou telle hypothèse et d'attendre, pour faire la balance entre les dépenses et les recettes d'eau du Canal, que l'expérience ait permis de fixer certains points aujourd'hui douteux. Ainsi que nous l'avons déjà fait remarquer, le Canal de Panama ne sera comparable à aucun autre canal à bief de partage, ni par la dimension de ses écluses, ni par la variété des navires qui le traverseront, de sorte qu'il serait imprudent de calculer les mouvements d'eau auquel il donnera lieu uniquement d'après ce qui se passe dans les canaux à écluses existant actuellement.

L'essentiel, c'est que les ressources dont on dispose soient largement suffisantes pour faire face aux besoins des premières années d'exploitation, alors que le trafic sera encore faible, et que l'on jouisse de la faculté d'augmenter ces ressources si l'expérience démontre que cette augmentation est nécessaire. Or, nous avons vu que l'on disposerait, le cas échéant, de divers moyens pour accroître la quantité d'eau à fournir au bief de partage et que leur mise à exécution serait, une fois le Canal déjà ouvert à l'exploitation, moins coûteuse que si l'on voulait l'entreprendre pendant la période d'achèvement de l'entreprise.

Dans un chapitre spécial des *Nouvelles Etudes*, nous avons démontré que si, pour une cause ou pour l'autre, on jugeait, dans la suite, utile de supprimer les écluses du bief supérieur, cette suppression pourrait sans doute être obtenue économiquement et sans suspendre l'exploitation du Canal. En ce qui concerne la suppression du gradin supérieur, cela ne nous paraît pas douteux car il suffirait de supprimer le mur de chute des écluses correspondantes et de donner à leurs portes d'amont la même hauteur qu'à leurs portes d'aval, pour que, lorsqu'on voudra procéder à l'abaissement du plafond du Canal, on puisse abaisser le plan d'eau au fur et à mesure de l'approfondissement de la cuvette, de façon à n'avoir jamais que la même profondeur d'eau dans le bief de partage.

Quant à la suppression des écluses formant le gradin inférieur leur enlèvement serait sans doute plus difficile et exigerait peut-être l'emploi de procédés spéciaux. Peut-être mêmet deviendrait il alors nécessaire d'interrompre momentanémen, l'exploitation du Canal, mais cette perspective n'est nullement de nature à effrayer et à faire repousser les avantages que présente la solution que nous avons proposée, car la perte qui résulterait de cette courte interruption du service serait bien inférieure aux économies réalisées pendant la période de construction.

Nous ne pensons d'ailleurs pas que l'on ait jamais avantage à réaliser la suppression complète des échelles d'écluses limitant le bief de partage et de revenir ainsi à un canal à bief surelevé unique, alimenté par toutes les eaux du Chagres. La seule suppression du gradin supérieur de ces échelles augmentera, sans doute, les ressources disponibles pour le service de la navigation autant qu'on pourra le désirer, en réduisant la quantité d'eau absorbée par les turbines.

Nous avons montré, d'autre part (1), qu'au point de vue même de la navigation, il y avait intérêt à approfondir le moins possible la tranchée centrale, afin de pouvoir lui donner, sans trop grande dépense, toute la largeur nécessaire pour faciliter le passage des navires. A notre avis, on pourra, s'il y a lieu, accroître dans la suite les ressources de l'alimentation sans avoir besoin de toucher aux écluses limitant le bief de partage et par un procédé facile et économique que nous allons indiquer.

Nous avons vu qu'en dehors du procédé dont nous venons de parler, on pourrait accroître la quantité d'eau disponible dans le bief de partage, par la construction d'un barrage dans la vallée du Haut-Cahgres, ayant pour but, soit, comme nous l'avons indiqué nous-même, de fournir une réserve d'eau supplémentaire pour la saison sèche, en même temps qu'un surcroît de force motrice, soit, comme le propose M. de la Tournerie, de permettre aux eaux du Chagres de se rendre, par des conduites et par le seul effet de la gravité, dans le bief de partage. Ce que nous avons dit des difficultés que présentera l'exécution des barrages sur la grande rivière de l'Isthme nous a amené à penser qu'il ne faudra recourir à cette solution qu'en cas de nécessité et après avoir épuisé le nouveau moyen que nous allons décrire.

Création de réservoirs dans la Cordillère. — Grâce aux pluies abondantes qui régnent dans l'isthme pendant 8 mois de l'année, les petits ruisseaux qui se rendent dans le bief de partage donnent lieu à l'écoulement d'un volume d'eau relativement important. D'après les calculs faits par l'ancienne Compagnie (Notes techniques sur le Canal à écluses par MM. Dingler et Hutin) le débit moyen de l'Obispo et du Rio-Grande réunis serait de près de 7 mètres cubes dans les années exceptionnellement sèches et d'environ 9 mètres cubes dans les années ordinaires. Ce débit serait donc, s'il était possible de le régulariser, presque suffisant pour l'exploitation du Canal ou tout au moins fournirait un appoint très important au système d'alimentation adopté. Malheureusement les ruisseaux dont il s'agit ont un régime très torrentiel et leurs vallées ne

(1) Voir *Nouvelles Etudes* pages 16 à 25.

se prêtent pas à l'établissement de grands réservoirs capables d'emmagasiner toutes leurs crues. Toutefois, si l'on ne peut songer à employer la totalité de leurs eaux, il sera néanmoins possible d'en recueillir une certaine partie dans des réservoirs de capacité restreinte et de l'utiliser ensuite, pendant la saison sèche, alors que le Chagres sera à l'étiage, à l'alimentation du bief de partage. Nous allons montrer que cette utilisation serait particulièrement avantageuse, car les réservoirs dont il s'agit étant situés à une altitude notablement supérieure à celle du bief de partage, les eaux emmagasinées par eux pourraient, avant d'être introduites dans le Canal, actionner des récepteurs hydrauliques recueillant la force motrice créée par cette différence de niveau. Pour mieux fixer les idées, nous prendrons l'exemple suivant.

Si l'on considère le plan coté du Canal à l'échelle de $\frac{1}{20,000^{e}}$ dressé par l'ancienne Compagnie, on voit que, dans la vallée du Lirio, affluent supérieur de l'Obispo, il serait facile de créer, entre les cotes 65 et 80, un réservoir d'une étendue d'environ 180 hectares. La profondeur moyenne de ce réservoir serait d'environ 6 mètres et, par suite, sa contenance de près de 11 millions de mètres cubes. Ce volume d'eau introduit dans le bief de partage diminuera d'autant celui que les machines élévatoires auront à y élever et la consommation des turbines de Bohio sera, de ce fait, notablement réduite. Si l'on admet, comme nous l'avons fait, que la quantité d'eau élevée dans le bief de partage sera les 35 centièmes de celle consommée par les turbines, on voit que les 11 millions de mètres cubes fournis par le réservoir au bief de partage correspondront à une réduction dans la consommation des turbines de :

$$\frac{11,000,000 \times 100}{35} = 31,430,000 \text{ mètres cubes.}$$

D'autre part, le centre de gravité de la masse d'eau contenue dans le réservoir se trouvera, environ, à la cote 75 et pour arriver à la cote 39 ou 40 du plan d'eau du bief de partage cette masse descendra d'une hauteur moyenne d'environ 35 mètres. Si, au lieu de la laisser se répandre librement dans le bief, on la fait, au préalable, agir sur des turbines, la force motrice recueillie pourra servir à suppléer aux turbines de Bohio et à actionner, par l'intermédiaire de l'électricité, les pompes de Bas-Obispo. En admettant que le rendement du nouveau système de machines élévatoires soit encore de 35 0/0, on voit que la force motrice fournie par l'eau contenue dans le réservoir du

Lirio sera capable de puiser dans le grand lac et de l'élever dans le bief de partage une quantité d'eau égale à :

$$\frac{11{,}000{,}000 \times 35 \times 35}{22 \times 100} = 6{,}737{,}000 \text{ mètres cubes.}$$

Ce volume, ainsi fourni au bief de partage, au lieu de l'être par l'intermédiaire des turbines de Bohio, économisera à ces turbines une consommation d'eau égale, d'après ce que nous avons dit plus haut, à :

$$\frac{6{,}737{,}000 \times 100}{35} = 19{,}250{,}000 \text{ mètres cubes,}$$

de sorte qu'en définitive la quantité d'eau économisée aux turbines de Bohio par la double intervention des eaux du réservoir du Lirio atteindra :

$$31{,}430{,}000 + 19{,}250{,}000 = 50{,}680{,}000 \text{ mètres cubes.}$$

On ne peut manquer d'être frappé de ce fait qu'un volume d'eau de 11 millions seulement de mètres cubes, emmagasiné dans la vallée du Lirio, produirait le même effet que si l'on ajoutait au Chagres, au moment de l'étiage, un volume d'eau dépassant 50 millions de mètres cubes.

Si l'on répartit ce volume pendant la période de 78 jours, pendant laquelle le Chagres, dans l'année exceptionnellement sèche de 1891, a eu un débit inférieur à celui nécessaire pour faire face aux besoins de l'alimentation tels que nous les avons exposés, on voit qu'il correspond à un débit de :

$$\frac{50{,}680{,}000}{78 \times 24 \times 3{,}600} = 7^{m3}534 \text{ par seconde.}$$

Si l'on remarque qu'il sera possible de créer plusieurs réservoirs semblables à celui que nous venons d'indiquer et dont les eaux seront utilisées de la même manière, on se rendra compte que cette création permettra d'augmenter les ressources de l'alimentation dans de très grandes proportions et que, quel que soit le développement que prenne le trafic, on n'aura pas besoin d'avoir recours à d'autres procédés. Il suffira d'ailleurs de vider ces réservoirs une seule fois par an, au moment où le Chagres est à l'étiage, et il n'est pas douteux que la quantité d'eau qui tombe annuellement dans leur bassin ne soit plus que suffisante pour les remplir. Nous n'avons pas l'intention d'indiquer ici la position exacte et les dimensions des autres réservoirs qui pourront facilement être établis dans la Cordillère et nous nous bornerons à dire qu'il sera facile d'en créer dans la vallée du Mandingo et d'accroître le volume de celui qui existe déjà sur le Rio-Grande, en augmentant la hauteur de son barrage.

Il nous paraît inutile de développer plus longuement cette idée et nous pensons que l'on saisira facilement les nombreux avantages que présentera sa réalisation. Si cette création de réservoirs dans la Cordillère ne donnait pas des résultats suffisants, on pourrait toujours, comme nous l'avons dit, d'autre part, construire dans le Haut-Chagres un barrage destiné à créer une réserve d'eau pour la saison sèche et à fournir un supplément de force motrice. Cette nouvelle force étant amenée à Bas-Obispo et employée à l'alimentation du bief de partage, il en résulterait une réduction de la puissance à demander aux turbines de Bohio et, par suite, une nouvelle économie d'eau.

Nous terminerons cette question en faisant remarquer que le barrage destiné à créer le réservoir de Lirio, notamment, pourra être exécuté dans des conditions très économiques en utilisant pour cette construction les déblais provenant du Canal. On trouvera, en effet, dans les parties qui avoisinent l'emplacement de ce barrage, des terrains parfaitement convenables pour la confection des digues et, sans prendre toutes les précautions que nous avons indiquées pour l'exécution du barrage de Bohio, on pourra effectuer le dépôt de ces déblais de façon à constituer un véritable barrage en terre. Comme on n'aura certainement pas besoin de faire fonctionner le réservoir pendant les premières années de l'exploitation du Canal, on laissera provisoirement ouverte une issue suffisante pour que les eaux pluviales, au lieu de s'emmagasiner, puissent s'écouler librement et ce n'est que lorsque la nécessité du fonctionnement du réservoir aura été reconnue que l'on permettra son remplissage. Il s'écoulera donc un assez grand nombre d'années entre la confection du barrage et sa mise en charge, de sorte que, grâce à la nature des remblais dont il sera constitué, à son excès d'épaisseur, aux effets consolidateurs de la végétation et enfin à sa hauteur modérée (15 mètres), on peut espérer qu'il pourra être mis en service sans exiger des travaux complémentaires. Néanmoins, comme le réservoir est destiné à être alternativement plein et vide, il sera sans doute prudent de protéger son parement d'amont contre l'action destructive des vagues et de la sécheresse, à l'aide d'un revêtement maçonné disposé en gradins comme ceux adoptés en France, à Torcy-Neuf et à la Liez.

Quoi qu'il en soit, la dépense supplémentaire exigée pour la construction du réservoir du Lirio sera très peu importante. Il en sera de même de l'installation mécanique créée pour recueillir la force motrice des eaux du réservoir et l'utiliser à pomper de l'eau du grand lac dans le bief de partage. Il suffira, en effet, de placer prés du réservoir des turbines et des dynamos génératrices et d'amener le courant électrique ainsi obtenu à Bas-Obispo, aux bornes mêmes des dynamos réceptrices actionnant déjà les pompes. L'installation de Bas-Obispo n'aura ni à être modifiée, ni à être augmentée, elle sera simplement disposée de manière à fonctionner non seulement sous l'influence d'un courant électrique venant de Bohio, mais aussi sous l'influence de courants venant du réservoir du Lirio, du Rio-Grande, du Mandingo ou de tout autre point de l'Isthme.

Nous ne pensons pas qu'au point de vue spécial de l'alimentation on ait jamais besoin de recourir à tous les moyens que nous avons indiqués pour accroître le volume d'eau disponible et, par suite, la force motrice dont on pourra disposer. Nous pensons plutôt que si l'on est conduit à augmenter la puissance fournie par l'usine de Bohio ce sera surtout pour employer la nouvelle force aux divers besoins de l'exploitation tels que l'éclairage du Canal et des villes de Colon et de Panama, la propulsion des remorqueurs, la manœuvre des portes d'écluse, et des barrages mobiles, etc. A ce sujet nous nous permettrons de faire remarquer que, dès 1891, nous avions dit que la manœuvre de ces barrages pourrait aisément avoir lieu à l'aide de l'électricité, mais nous n'avions aucun exemple d'une pareille manœuvre à invoquer. Aujourd'hui, au contraire, nous nous trouvons en présence d'un fait accompli et le barrage de Poses-sur-Seine c'est-à-dire celui que nous avions pris comme type à imiter à Panama, fonctionne depuis plusieurs mois à l'aide de treuils électriques.

Usines de Bohio et de Bas-Obispo. — Les personnes peu familiarisées avec les grandes installations mécaniques n'envisageront peut-être pas sans appréhension celle que nous avons prévue pour l'alimentation du bief de partage du Canal de Panama. Aussi ne croyons-nous pas inutile de faire une comparaison de l'installation projetée avec quelques-uns des grands services d'élévation d'eau fonctionnant actuellement dans diverses villes.

Nous avons dit que nous pensions qu'il serait suffisant, au moins pendant les premières années, d'élever dans le bief de partage un volume d'eau de $9^{m3}5$ par seconde. D'autre part, la hauteur de la chute qui agira sur les turbines est, de même que celle à laquelle les pompes devront élever l'eau, de 20 mètres, en moyenne, et nous avons admis que le rendement total de l'installation s'élèverait à 35 0/0, ce qui correspond à un rendement de 75 0/0 pour les turbines, 70 0/0 pour les pompes et de 66,6 0/0 pour la transmission électrique. La quantité d'eau nécessaire pour actionner les turbines sera donc de :

$$\frac{9,500 \times 100}{35} = 27^{m^3}140 \text{ (1)}$$

et la force motrice théorique correspondante, sous une chute de 20 mètres, égale à :

$$\frac{27,140 \times 20}{75} = 7,240 \text{ chevaux-vapeur.}$$

La force réelle recueillie par les turbines sera, par suite, avec le rendement ci-dessus, égale à 5,430 chevaux. Après les pertes subies da ns la transmission électrique et au moment où elle devra agir sur les pompes, cette force sera réduite à 3,620 chevaux. Ces deux derniers chiffres représentent la puissance en chevaux effectifs que devront avoir l'usine génératrice de Bohio et l'usine réceptrice de Bas-Obispo. Enfin, en tenant compte du rendement de 70 0/0 admis pour les pompes, on voit que la puissance de cette dernière usine en eau montée sera égale à 2,534 chevaux.

Cette puissance en eau montée ne dépasse guère la moitié de celle que développent actuellement les usines élévatoires des eaux de Paris. Pour puiser l'eau de la Seine ou de la Marne, ou pour relever à une altitude suffisante les eaux de source, la ville de Paris emploie, en effet, dans ses 22 usines, 50 machines à vapeur et 22 moteurs hydrauliques représentant ensemble une puissance en eau montée de 4,911 chevaux, dont 3,796 pour les machines à vapeur et 1,115 pour les moteurs hydrauliques. Tout ce système de machines fonctionne dans des conditions très satisfaisantes, malgré les variations de la consommation, les faibles capacités des réservoirs régulateurs et la multiplicité des points sur lesquels sont réparties les usines. La quantité d'eau distribuée par jour est, en moyenne, de 450,000 mètres cubes et peut s'élever à 550,000 mètres cubes, ce qui correspond à un débit d'environ $5^{m^3}2$ ou $6^{m^3}3$ par seconde.

On ne manquera pas de remarquer que le fonctionnement de cette distribution est infiniment plus délicat que ne le sera celui du système d'alimentation mécanique que nous avons

(1) Le volume d'eau total nécessaire à l'alimentation du Canal se répartit ainsi :

Alimentation du bief de partage.	$9^{m^3}5$
Service des turbines..	27 14
Evaporation du grand lac	3 8
Total.	40 44

proposé pour le Canal de Panama. Au lieu d'un grand nombre d'usines éloignées les unes des autres, on n'aura dans l'Isthme, au moins dans les premières années de l'exploitation, que deux usines, l'une à Bohio et l'autre à Bas-Obispo, et, de plus, la quantité d'eau fournie au bief de partage n'aura pas besoin d'être à chaque instant égale à celle consommée par la navigation. La grande surface de ce bief et la faculté que possédera son niveau de pouvoir varier de 2 ou 3 mètres, lui permettront, en effet, de livrer, pendant un certain temps, des quantités d'eau plus grandes ou plus petites que celles qu'il recevra pendant le même temps, sans que le service de l'exploitation en soit affecté.

La ville de Paris n'est d'ailleurs pas la seule à posséder une très puissante élévation mécanique de ses eaux d'alimentation. On pourrait citer un grand nombre d'autres cités qui ont également recours à ce procédé pour distribuer à leurs habitants de l'eau sous forte pression. Nous nous bornerons à rappeler ici que la ville de Londres est presque entièrement alimentée par des eaux élevées mécaniquement. La quantité d'eau ainsi distribuée est d'environ 700,000 mètres cubes par jour, ce qui correspond à un débit de plus de 8 mètres cubes par seconde.

Cette élévation mécanique des eaux tend d'ailleurs à prendre une grande extension, grâce au nouveau système d'assainissement que les grandes villes adoptent peu à peu. On sait, en effet, que les hygiénistes ont proclamé que le meilleur procédé d'évacuation des ordures ménagères et des matières de vidange était leur rejet immédiat à l'égout et l'épuration des eaux d'égout par l'épandage agricole. Cet épandage oblige, dans la plupart des cas, à reprendre ces eaux avec de puissantes machines pour les relever au niveau des terrains qu'elles doivent irriguer. La ville de Paris exécute en ce moment de très grands travaux pour donner une extension suffisante à l'épuration agricole de ses eaux. Elle vient de terminer un aqueduc de 15 kilomètres de longueur et capable de donner passage à un débit de 10 mètres cubes par seconde pour conduire ses eaux d'égout sur les terrains d'Achères et des environs. Comme la pente de cet aqueduc ne peut provoquer naturellement cet écoulement, deux puissantes usines élévatoires ont été installées, l'une à Clichy et l'autre à Colombes. L'usine de Clichy n'élève les eaux d'égout qu'à une hauteur manométrique de $6^{m}40$, mais celle de Colombes les élève à une hauteur de 42 mètres. Cette dernière usine ne comporte actuellement que 4 pompes capables d'élever chacune 500 litres par seconde, mais elle doit comporter, lorsqu'elle sera achevée, 24 pompes semblables qui pourront élever ensemble 12 mètres cubes par seconde à une hauteur manométrique de 42 mètres.

La ville de Berlin élève actuellement, à des hauteurs variables, 65 millions de mètres cubes d'eau d'égout par an, soit plus de 2 mètres cubes par seconde. Boston possède une usine élévatoire d'eaux d'égout comprenant 4 pompes capables d'élever chacune, à 13^{m}12 de hauteur, 113,600 mètres cubes par 24 heures.

Nous pourrions multiplier ces exemples, mais cela nous paraît inutile, car nous ne pensons pas que l'on puisse raisonnablement soutenir que nous proposons des usines monstres et comme il n'en existe encore nulle part d'analogues. L'argument des adversaires du système d'alimentation que nous proposons pour le Canal de Panama consistera, sans doute, plutôt à dire que les installations dont nous venons de parler ne fonctionnent d'une façon satisfaisante que parce qu'elles sont situées dans des grandes villes où il est facile de recruter un personnel intelligent. A cela, nous répondrons que pendant que les travaux du Canal étaient en pleine activité, non seulement on ne manquait pas du personnel nécessaire pour conduire les locomotives, excavateurs, dragues, etc., mais que la plupart de ce personnel était constitué par des gens du pays ou des noirs. Le nombre de ces ouvriers spéciaux, chauffeurs et mécaniciens, était considérable et l'on admettra bien que les machines fixes que comporte l'installation que nous avons proposée seront plus faciles à conduire que des locomotives.

Cette installation nécessitera, il est vrai, l'intervention d'un certain nombre d'électriciens, mais ce personnel sera très facile à former et il suffira d'un noyau d'ouvriers blancs pour diriger les ouvriers indigènes. Ce n'est pas maintenant que l'électricité a pénétré dans les montagnes les plus reculées et que nombre de modestes villages sont pourvus d'un éclairage électrique, que l'on osera soutenir que ce nouvel agent est d'un maniement difficile et dangereux. Sans doute il a déjà causé quelques accidents, par suite de l'ignorance ou, bien plus souvent, de l'imprudence des ouvriers appelés à s'en servir, mais c'est là un mal auquel il est facide de remédier avec une bonne organisation et une administration sage et prudente.

D'ailleurs, au fur et à mesure que l'usage de l'énergie élecque se répand et que son emploi prend de l'extension, elle est de mieux en mieux connue et les accidents deviennent, proportionnellement au nombre et à la puissance des installations, de plus en plus rares.

Dans nos précédentes publications, nous avons fait remarquer les extraordinaires progrès faits dans ces dernières années par transport de la force par l'électricité et la rapidité avec laquelle son usage s'introduit dans l'industrie. Nous croyons inutile de revenir sur ce sujet et nous nous bornons à citer l'exemple suivant. Nous avions fait remarquer que l'installation prévue dans notre premier projet, et dont la puissance aurait été d'environ 10,000 chevaux, ne correspondrait qu'au dixième de celle en cours d'exécution aux cataractes du Niagara et qui avait pour but de capter à ces chutes une force de 100,000 chevaux pour la transporter, à l'aide de l'électricité, dans les environs. Aujourd'hui, 15,000 chevaux sont déjà recueillis et utilisés et les travaux complémentaires sont activement poursuivis, mais ce n'est plus seulement 100,000 chevaux que doit comporter l'installation totale, mais bien **350,000**. Les résultats déjà acquis permettent de conclure qu'il sera possible d'agrandir le rayon du cercle dans lequel on compte distribuer l'énergie électrique et l'on pense atteindre économiquement des distances de 2 ou 300 kilomètres. Déjà des installations très intéressantes ont été faites avec la force motrice empruntée au Niagara, notamment la traction électrique des bateaux sur le Canal Erié.

Il n'est d'ailleurs pas besoin d'aller en Amérique pour y chercher des exemples de captation de puissantes forces hydrauliques et de leur distribution par l'électricité. Une Société lyonnaise exécute en ce moment, à Jonage, une dérivation du Rhône de 18 kilomètres de longueur dans le but de créer une chute de 12 mètres capable de fournir une force motrice de 12,000 chevaux. Cette force sera ensuite transportée à Lyon et distribuée dans la ville, chez les particuliers, par fractions pouvant descendre jusqu'à $\frac{1}{10^e}$ de cheval.

On conçoit que cette extrême division de la force et son application aux moteurs les plus divers, complique singulièrement le problème et cependant la solution en a paru assez rassurante pour que les financiers n'aient pas hésité à fournir le capital considérable (24 millions) qui est nécessaire pour la mener à bonne fin. Que devient en face de cette entreprise qui est concessionnaire de l'Etat, contre laquelle aucune critique sérieuse n'a été soulevée et dont les travaux sont activement poursuivis depuis près de deux ans, l'appréciation de M. de la Tournerie relative au fonctionnement des appareils électriques?

La simplicité de l'installation nécessaire pour alimenter mécaniquement le bief de partage nous paraît un sûr garant de la régularité de son fonctionnement. De plus, comme on aura un assez grand nombre de groupes de machines indépendants les uns des autres, une avarie survenant à l'une d'elles n'aura aucune influence sur celles des autres groupes et, pour conserver à l'alimentation le même débit, il suffira de mettre en marche l'un des groupes de réserve.

Nous pensons, par ce qui précède, avoir réfuté toutes les objections que l'on peut faire au système d'alimentation que nous avons proposé. Jusqu'ici, d'ailleurs, aucune de ces objections n'a été nettement formulée et basée sur des chiffres quelconques et l'on ne nous a guère opposé que de vagues et injustifiables appréhensions. M. de la Tournerie lui-même n'a jamais pu nous donner des raisons motivées de l'abandon qu'il avait cru devoir faire de ce système, après en avoir été tout d'abord très partisan, et ce n'est pas, comme on pourrait le croire, à la suite d'une discussion approfondie avec des personnes compétentes et dans l'impossibilité où il aurait été de trouver des constructeurs sérieux en garantissant le fonctionnement que M. le Président du Comité a renoncé à l'alimentation mécanique du bief de partage. Nous avons, en effet, la certitude qu'au moment où nous écrivons, aucun électricien ni mécanicien d'une compétence reconnue n'a encore été consulté à ce sujet par la Nouvelle Compagnie. Il nous paraît, cependant, qu'avant de rejeter un procédé susceptible de procurer tous les avantages que nous avons énumérés, il serait au moins prudent de consulter les spécialistes et de s'assurer si réellement ce procédé mérite les reproches que quelques personnes croient devoir lui adresser. L'industrie électrique est de création si récente qu'elle est peu familière à un grand nombre d'ingénieurs et, pour savoir exactement ce qu'il est permis d'en attendre, il est nécessaire de s'adresser aux personnes qui en ont fait l'objet d'une étude toute spéciale.

Loin d'être un épouvantail, l'installation mécanique et électrique que nous avons projetée est, au contraire, de tous les travaux qu'exige l'achèvement du Canal, celui dont l'exécution est la plus sûre et le prix de revient le plus facile à établir. On trouvera dix constructeurs pour un qui s'engageront à exécuter ladite installation et à en assurer le fonctionnement moyennant un forfait déterminé, tandis qu'il nous paraît bien difficile de trouver un entrepreneur sérieux et offrant des garanties suffisantes qui veuille entreprendre, à forfait, le percement de la Culebra ou la construction du barrage du Chagres.

L'alimentation des canaux à l'aide de machines tend d'ailleurs à se répandre de plus en plus et même à se substituer, dans certains cas, par raison d'économie, à l'alimentation par réservoirs. D'après un travail présenté au Congrès de navigation intérieure, tenu à Paris en 1892, par M. Denys, ingénieur en chef des ponts et chaussées, le prix de revient moyen du mètre cube d'eau fourni à certain nombre de voies navigables de la région de l'Est de la France serait de 0 fr. 007 à 0 fr. 060, lorsqu'il provient de machines élévatoires, et de 0 fr. 010 à 0 fr. 035, lorsqu'il provient de réservoirs. La 1re section du Congrès s'est assez longuement arrêtée, dans sa 4e séance, à cette question de l'alimentation des canaux par machines élévatoires; des ingénieurs très distingués, chargés chacun d'un service de navigation important, ont tour à tour pris la parole pour louer et recommander ce mode d'alimentation et aucune voix ne s'est élevée pour en faire la critique. La consécration donnée à ce système par les éminents spécialistes qui composaient le Congrès nous parait de nature à lever tous les doutes et nous avons la conviction que le Comité technique chargé de choisir le projet de Canal à mettre à exécution à Panama l'adoptera d'autant plus franchement que c'est le seul moyen d'arriver à une solution sûre, prompte et économique.

Conclusion.

En résumé, la nouvelle solution que nous présentons aujourd'hui, ou plutôt le nouveau programme de travail que nous proposons, permettrait d'achever le Canal de Panama pour la somme de *440* MILLIONS de francs. Nous ne saurions trop faire remarquer que la faiblesse de cette estimation n'est nullement due à un abaissement excessif des prix unitaires, mais presque uniquement à une réduction de la masse des travaux à exécuter et au procédé que nous avons imaginé pour l'excavation de la grande tranchée. Il importe, d'ailleurs, de remarquer que ce procédé, loin de comporter la mise en œuvre d'engins nouveaux et non sanctionnés par la pratique, ne consiste, au contraire, que dans l'emploi rationnel et méthodique d'appareils ayant déjà fait leurs preuves et donné de bons résultats sur les chantiers de l'Isthme.

Actuellement, les terrassiers employés par la Compagnie Nouvelle sont payés à raison de 90 centavos par jour, ce qui, en tenant compte du change, correspond à environ 2 francs par jour. Or, nos prix de revient sont établis en comptant à 5 francs la journée d'un terrassier. Lorsque les travaux de l'achèvement du Canal seront repris d'une façon effective et qu'il aura été nécessaire d'appeler dans l'Isthme un plus grand nombre d'ouvriers, le prix de la main-d'œuvre augmentera dans une notable proportion, mais il nous paraît néanmoins hors de doute que la marge de sécurité que nous nous sommes réservée est largement suffisante. On sait que, d'après l'avis de M. de la Tournerie, il est permis d'espérer que le prix de la journée d'un terrassier ne dépassera pas 3 francs par jour ; si ce chiffre peut paraître faible, il nous paraît, au contraire, que celui de 5 francs admis dans nos calculs doit plutôt être considéré comme très supérieur à celui qui sera atteint dans la pratique.

Nous croyons toutefois que, pour ne pas s'exposer à le voir dépassé, il est nécessaire de se mettre à l'œuvre le plus tôt possible et de consacrer à l'achèvement du Canal tout le temps qui nous sépare encore du délai imparti par le contrat de concession. Si l'on tardait de se mettre à l'œuvre, on pourrait se trouver, dans la suite, obligé, pour hâter les travaux, d'appeler dans l'Isthme un nombre d'ouvriers trop considérable, ce qui ne pourrait se faire qu'en leur offrant des salaires élevés, et il en résulterait une augmentation très notable du prix de la main-d'œuvre.

D'autre part, il y a lieu de redouter que l'entreprise rivale, le

Canal du Nicaragua si cher aux Américains, en présence des hésitations et des retards apportés dans l'achèvement du Canal de Panama, entre enfin dans la voie de l'exécution et devienne un obstacle sérieux pour la réalisation de ce dernier. Déjà, à plusieurs reprises, le Gouvernement des Etats-Unis a envisagé la possibilité de faire du Canal du Nicaragua une entreprise nationale et de lui accorder une garantie d'intérêts. Jusqu'ici, les propositions faites dans ce sens ont été repoussées, mais la sympathie avec laquelle elles ont été accueillies les rend redoutables pour le Canal de Panama, et nous pensons que l'on ne saurait trop se hâter de mettre cette dernière entreprise dans un état d'avancement tel qu'elle n'ait plus à craindre la concurrence de sa rivale. Etant donné que le Canal du Nicaragua coûtera certainement beaucoup plus cher et sera d'une fréquentation beaucoup moins facile que celui de Panama, il nous paraît certain que lorsque ce dernier sera réellement en voie d'achèvement, les Américains renonceront à un projet qui, en définitive, leur procurerait beaucoup moins d'avantages.

Il est inutile de rappeler ici que l'abandon du Canal de Panama et l'exécution de celui du Nicaragua serait un cruel échec pour le Génie français. Nous ferons simplement remarquer qu'un pareil événement serait la ruine complète des anciens souscripteurs de Panama. Le plus clair de l'actif de la liquidation de l'ancienne Compagnie consiste, en effet, dans le Panama Rail Road et l'on conçoit que l'exécution du Canal du Nicaragua enlèverait toute valeur à ce chemin de fer. Après avoir montré les conditions extrêmement favorables dans lesquelles nous pensons que le Canal de Panama peut être achevé et devenir une entreprise fructueuse, il serait superflu d'ajouter que nous espérons que cette éventualité ne se réalisera pas. Nous avons, au contraire, la ferme espérance que la Compagnie Nouvelle saura prendre les mesures nécessaires pour faire connaître quel est le véritable état de l'entreprise de Panama et que, dès que cette situation sera connue et appréciée, on trouvera aisément l'argent nécessaire à son achèvement. Le spectre du Nicaragua s'évanouira alors de lui-même car un canal interocéanique, construit dans cette partie de l'Amérique centrale, serait dans des conditions d'exploitation si inférieures à celles du Canal de Panama, qu'il ne saurait prétendre entrer en lutte avec lui.

On sait, en effet, que le Canal du Nicaragua aurait 274 kilomètres de longueur, tandis que celui de Panama n'en a que 74. De plus, la Commission chargée par le Gouvernement des Etats-Unis d'évaluer le montant des travaux à exécuter pour créer le premier canal, l'a fixé à environ 700 millions, non compris les charges financières qui pèseront sur l'entreprise pendant la période d'exécution. En outre, ce chiffre lui-même n'est guère basé que sur des hypothèses plus ou moins plausibles, car la Commission manquait d'éléments d'appréciation suffisants pour établir une estimation exacte, tandis qu'au contraire, à Panama, les travaux restant à faire peuvent être évalués avec une grande exactitude, par suite de l'expérience déjà acquise dans ce pays.

On a pu remarquer, au cours de cette notice et dans nos publications antérieures, notre préoccupation d'arriver à une solution aussi économique que possible, quand bien même cette solution présenterait certains inconvénients, mais à condition, toutefois, que les inconvénients d'abord tolérés soient, dans la suite, faciles à faire disparaître. Ce n'est que lorsque le Canal aura été livré à l'exploitation qu'on pourra se rendre exactement compte des mesures propres à faciliter cette exploitation, et en voulant y consacrer, dès l'origine, une somme trop considérable, on risquerait non seulement d'occasionner l'échec de l'entreprise, mais encore d'exécuter des travaux dont la suite ne justifierait pas l'utilité. Cette façon de voir concorde d'ailleurs parfaitement avec l'avis de la Commission, présidée par M. Guillemain, à qui « *il a paru qu'il importait, avant tout, de ne pas accroître les charges déjà si lourdes qu'une nouvelle Société devra s'imposer pour arriver à faire passer librement et en toute sécurité les navires d'une mer à l'autre. Elle a pensé qu'il convenait de différer tous les travaux qui ne sont pas de première urgence et dont l'exécution ne semble pas devoir être plus difficile ni plus coûteuse après que le canal sera ouvert à l'exploitation. Tant que le trafic n'aura pas atteint une très grande activité, les besoins de la navigation seront moins grands et moins nombreux ; le jour où ils s'imposeront à la nouvelle Compagnie, c'est que l'entreprise sera entrée dans une ère de prospérité telle qu'il sera possible de prélever sur les bénéfices annuels de l'exploitation, les sommes nécessaires à l'amélioration et à l'achèvement de tous les travaux jugés utiles. Ces dépenses seront alors justifiées ; elles seraient, avant cette époque, imprudentes et de nature à compromettre le succès de l'œuvre tout entière* » (1).

C'est également l'avis que nous exprimait, dans les termes suivants, un inspecteur général des Ponts-et-Chaussées bien connu par ses remarquables travaux sur la Navigation intérieure : « *Il y a grand intérêt, à mon sens, si l'on veut reprendre l'affaire du Panama, à adopter le projet le plus économique et le plus susceptible d'être exécuté rapidement, alors même que ce projet ne serait pas le meilleur au point de vue technique ; surtout si, comme le vôtre, il se prête à une transformation facile, lorsque les nécessités du trafic et*

(1) Rapport de la Commission d'Études, fascicule 4, page 18.

l'importance des recettes rendront cette transformation possible et utile. »

Nous ne saurions mieux terminer, que par ces deux citations, une étude destinée surtout à montrer quels sont les moyens qui permettraient la mise en exploitation la plus rapide et la moins coûteuse du Canal de Panama.

Arcis-sur-Aube. — Imp. Léon Frémont.

PLANCHE I

LE PROJET A. DUMAS (A 10 ÉCLUSES)

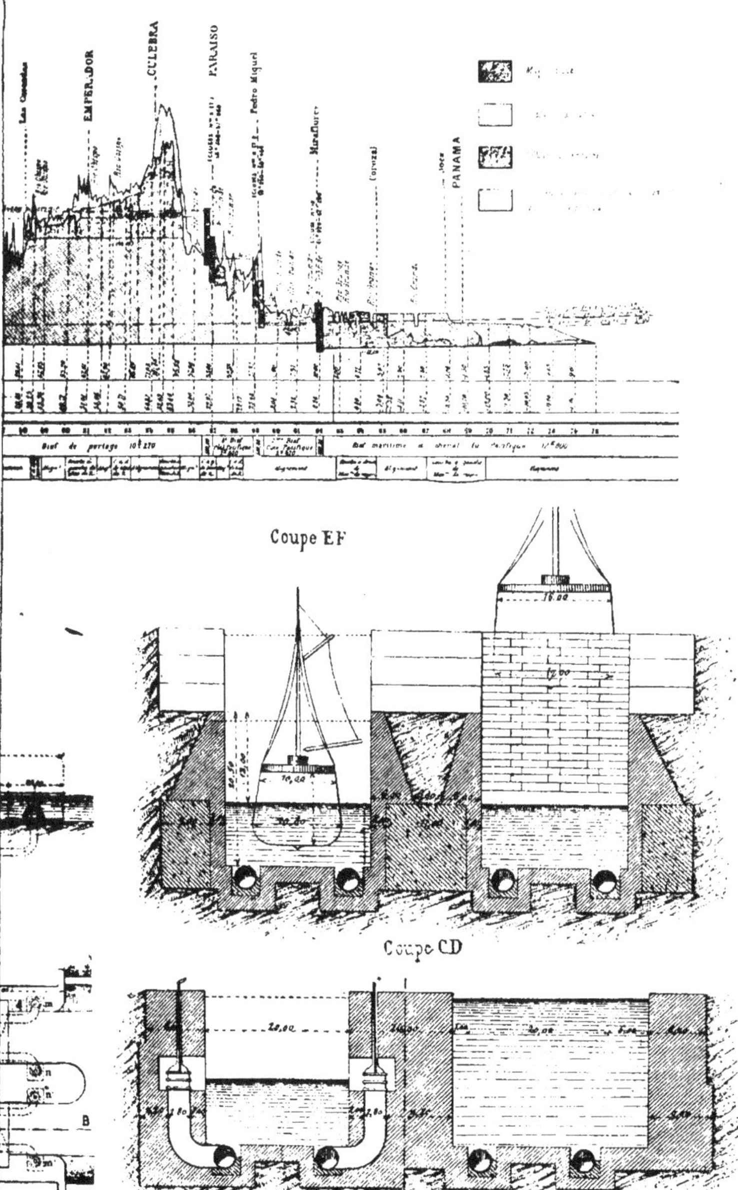

Fig. 1. — PROFIL EN LONG INDIQUANT LES TRAVAUX A EXÉCUTER DANS LE PROJET A. DUMAS (A 10 ÉCLUSES)

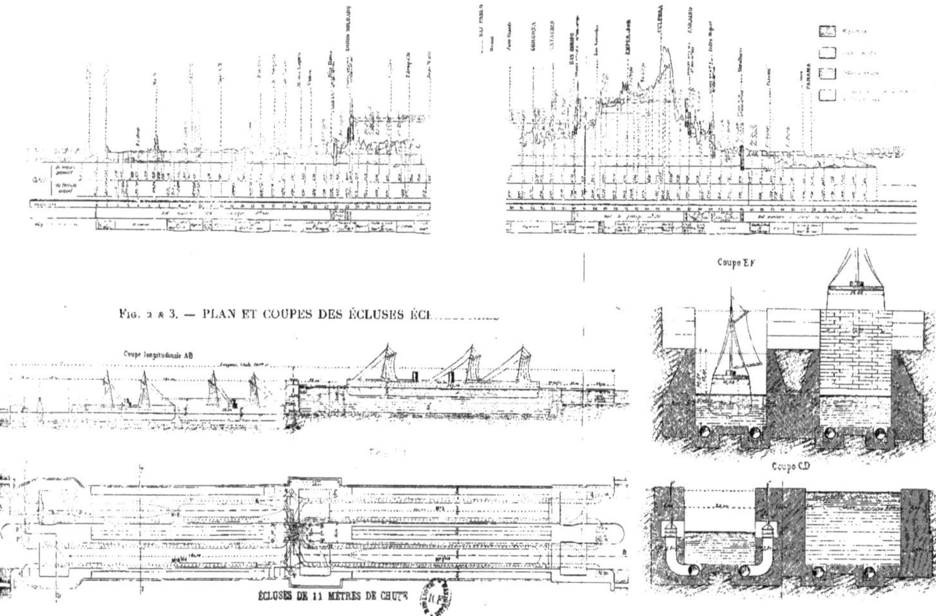

Fig. 2 & 3. — PLAN ET COUPES DES ÉCLUSES ÉC...

PLANCHE II

PROLUSES DU PROJET WYSE

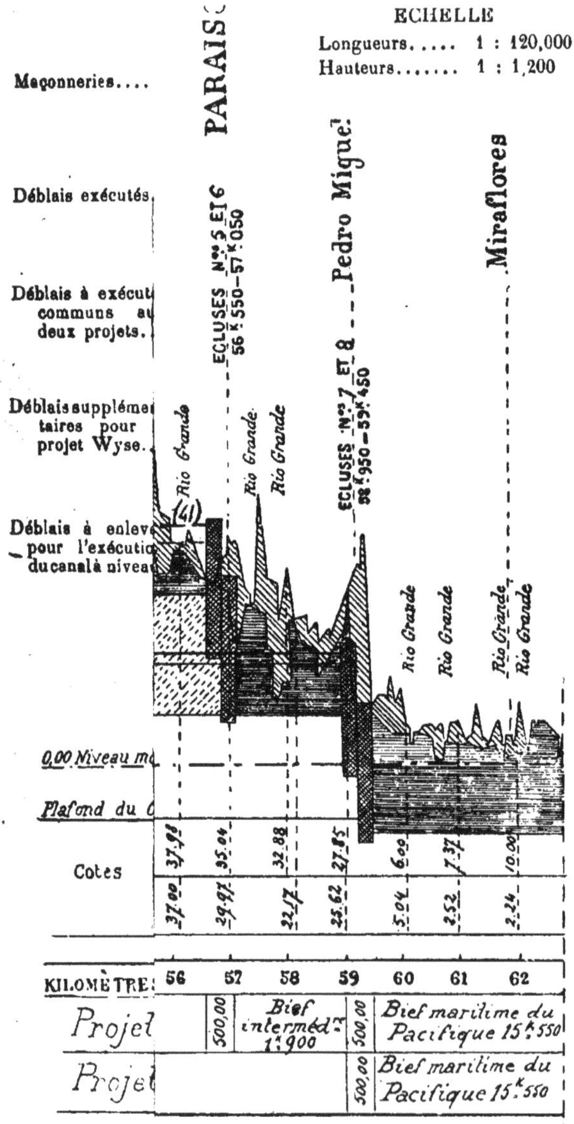

ECHELLE
Longueurs..... 1 : 120,000
Hauteurs....... 1 : 1,200

Maçonneries....

Déblais exécutés

Déblais à exécut communs au deux projets.

Déblais supplémentaires pour projet Wyse.

Déblais à enlever pour l'exécutio du canal à nivea

0.00 Niveau m

Plafond du C

PARAIS

ECLUSES Nos 5 ET 6 56k550–57k050

Rio Grande

(41)

Rio Grande

Rio Grande

Pedro Migue

ECLUSES Nos 7 ET 8 58k950–59k450

Rio Grande

Rio Grande

Miraflores

Rio Grande

Rio Grande

Cotes	37.98	35.04	32.88	27.85	6.00	7.37	10.00
	37.00	29.97	22.17	25.62	5.04	2.52	2.24

KILOMÈTRE	56	57	58	59	60	61	62
Projet	500,00	Bief interméd.re 1k900	500,00	Bief maritime du Pacifique 15k550			
Projet			500,00	Bief maritime du Pacifique 15k550			

PROFILS EN LONG COMPARATIFS DU PROJET DUMAS A 8 ÉCLUSES ET D'UNE VARIANTE A 4 ÉCLUSES DU PROJET WYSE

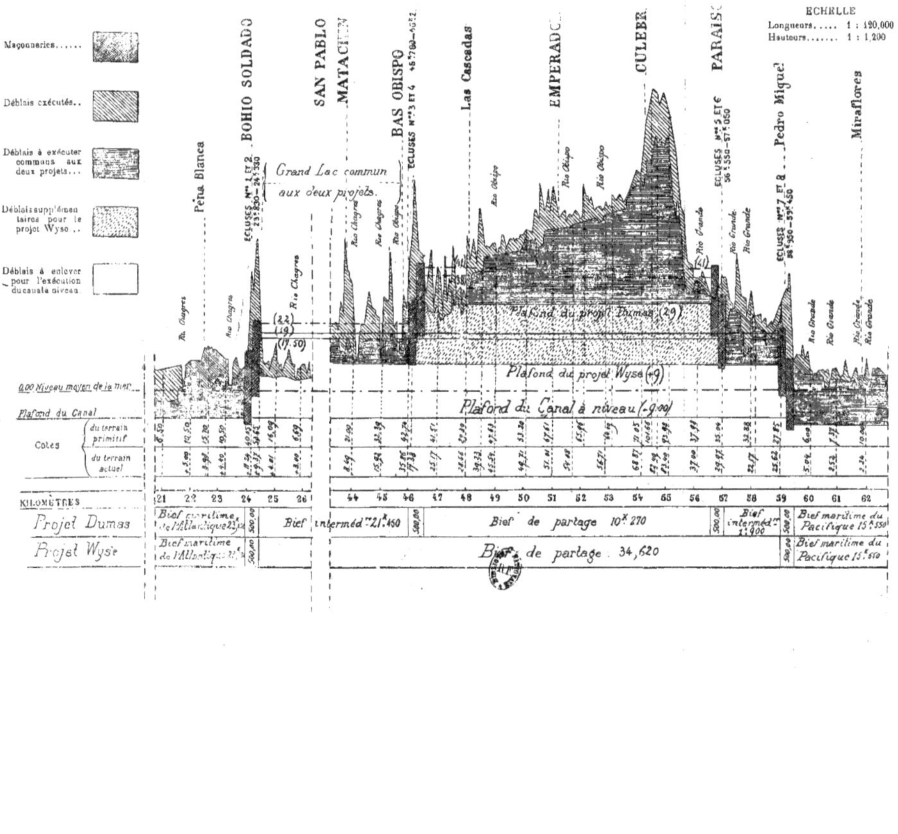

AL

sur l's Bohio-Soldado

Echelle. — 1 : 6000

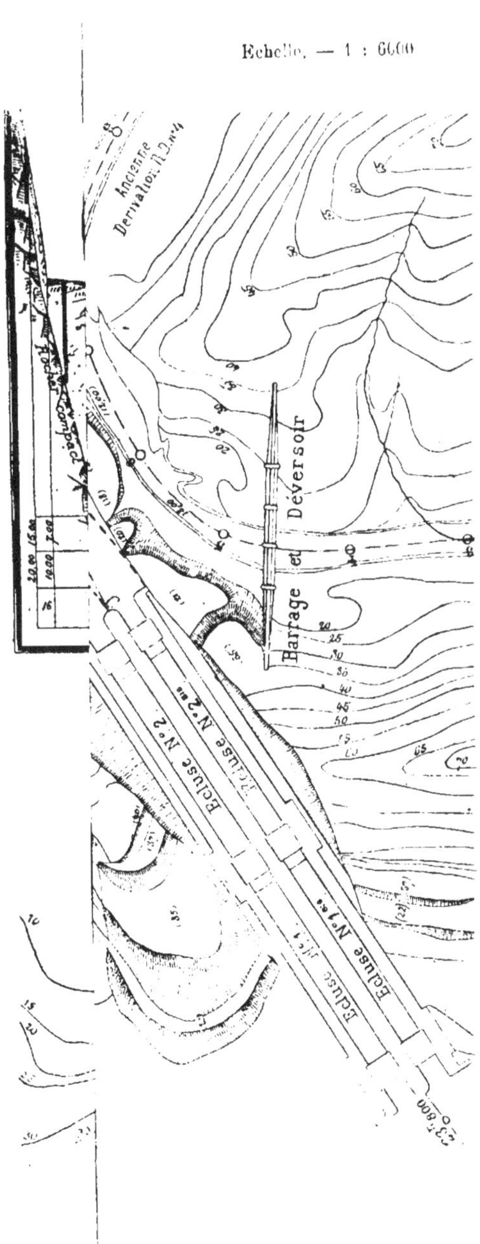

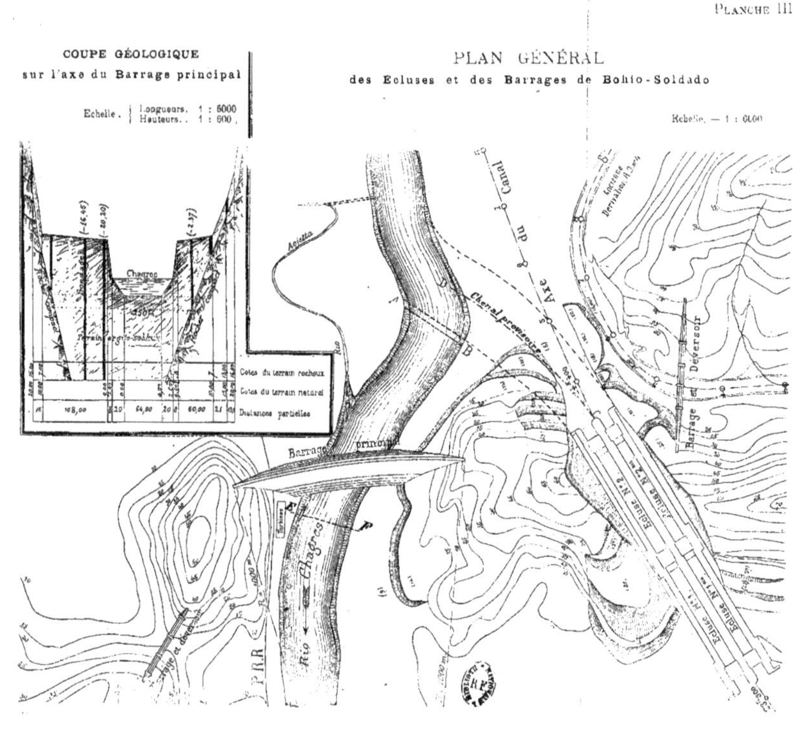
PLANCHE III
COUPE GÉOLOGIQUE
sur l'axe du Barrage principal
Echelle. Longueurs. 1 : 5000
Hauteurs.. 1 : 500.
Chagres
Cotes du terrain rocheux
Cotes du terrain naturel
Distances partielles
PLAN GÉNÉRAL
des Ecluses et des Barrages de Bohio-Soldado
Echelle. — 1 : 6400
Axe du Canal
Chenal provisoire
Barrage et Deversoir
Ecluse N° 2
Ecluse N° 1
Barrage principal
Rio Chagres
P.R.R.

www.ingramcontent.com/pod-product-compliance
Ingram Content Group UK Ltd.
Pitfield, Milton Keynes, MK11 3LW, UK
UKHW021123260726
13994UKWH00002B/970

9 782329 448121